KB182144

겨레얼 살리기

겨레얼 살리기

최문형 지음

경인문화사

제1장   겨레얼, 한국인의 꿈

1. 하늘이 선택한 나라   008
2. 유비쿼터스[Ubiquitous]의 행복   015
3. 우주와 지구에 넘치는 생명   024

제2장   홍익인간, 겨레얼의 이상향

1. 몸과 마음이 평안한 땅   036
2. 포용과 화합의 아름다움   043
3. 산에 머무르다   051

제3장   한국인의 겨레얼

1. 하늘 공경 신앙   062
2. 평화 · 겸양정신과 기상 · 기개의 겸비   069
3. 군자와 선비정신   081
4. 융화와 상생정신   090

제4장　겨레얼, 시련과 대응

　　1. 시련에 처한 겨레얼　100
　　2. 고난을 헤쳐나간 겨레얼　110
　　3. 국제정세 변화와 한반도의 위기　123

제5장　21세기와 겨레얼의 사명

　　1. 겨레얼 살리기 운동의 점화　132
　　2. 분열에서 사랑으로　145
　　3. 21세기와 동방의 빛　153

제 1 장

겨레얼, 한국인의 꿈

1. 하늘이 선택한 나라
2. 유비쿼터스[Ubiquitous]의 행복
3. 우주와 지구에 넘치는 생명

1

하늘이 선택한 나라

'꿈이 있는 민족은 사라지지 않는다'
는 말이 있습니다. 지난 반만년 동안 풀뿌리와도 같은 생명력
으로 질기게 살아 낸 우리 민족을 지탱해 온 꿈은 무엇이었을
까요? 식민지와 분단을 비롯한 고난과 역경의 역사 속에서 지
금도 희망을 버리지 않고 한 발 한 발 앞으로 나아가고 있는 우
리 민족의 꿈은 과연 무엇일까요? 3·1운동 100주년을 맞아 우
리를 되돌아보려 합니다.

2002년의 영광을 기억하며!
서울 시청에서 2006년 독일월드컵 응원 모습

　겨레얼 운동이 시작되기 직전인 지난 2002년 한·일 공동 월
드컵에서 불굴의 의지를 불태운 한국 축구대표팀은, 아시아에
서 처음으로 4강에 올라 '꿈★은 이루어진다'는 신화를 창조했
습니다. 뜨거운 응원 열기는 대표팀의 선전과 함께 전국으로
확산되었고 '대~한민국'이라는 우리의 외침은 세계 속에 '한
국의 위대한 힘'을 각인시켰습니다. 남녀노소가 함께 모여 목

청껏 외치던 '대~한민국'이라는 함성과 얼굴과 몸에 그려넣었던 태극 문양은 국내, 해외를 가리지 않고 세계 만방에 우리가 '하나'임을 과시했습니다. 하나가 된 계기는 축구경기였지만 그 뜨거운 염원과 열기에는 우리 한민족을 하나로 엮어 내고도 남는 힘이 있었습니다.

이 꿈이 계속되는 한, 이 희망을 저버리지 않는 한, 우리의 신화는 계속될 것입니다. 이 월드컵의 함성이 그저 흥분에 싸인 고함소리가 아니라 민족혼의 메아리로 울릴 때, 우리는 불사조처럼 죽어도 죽지 않게 될 것입니다. 그리고 봉오리를 펼 봄꽃보다 더 붉고 화려한 태극무늬와 한국인의 정열이 한반도에 따사로운 봄 햇살을 열어 줄 것입니다. 그리고 이 붉음과 화려함과 열정은 분단선을 밀고 올라가 우리의 혈육들에게 퍼져 나갈 것입니다. 우리가 함께 어깨동무하고 '대~한민국'을 목놓아 부르고 또 부를 때, 우리 겨레얼은 열매 맺을 것이고, 우리의 꿈은 이루어질 것입니다. 그러면 우리의 꿈, 우리의 겨레얼은 무엇일까요?

겨레란 민족을 말하고 핏줄을 뜻하며 혈통을 의미합니다. 얼이란 혼이고 정신이고 생각이고 뿌리입니다. 우리는 오랜 세월 동안 같은 문화와 생각과 언어를 나누며 함께 살아왔습니다.

한장군 놀이
경북 경산군 자인면에서 실시되고 있는 단오굿의 일종

그것은 우리의 영광이고 기쁨이기도 했습니다.

　그러나 지금의 우리는 그렇지 못합니다. 국토의 허리가 잘리면서 민족의 정신과 얼도 어디론가 사라져 버렸습니다. 어쩌면 이 실종은 그 이전에 시작되었는지도 모릅니다. 일제가 총검으로 우리 민족을 짓밟을 때, 서양 여러 나라가 배에 대포를 싣고 와서 쏘아댈 때, 아니면 그 이전에 중국의 사상과 문명이 우리에게 전달되었던 때인지도 모릅니다.

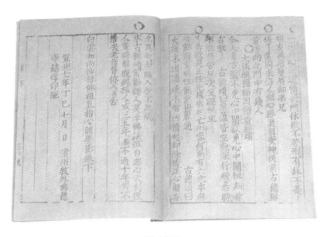

직지심경
현재 전하는 세계 최고最古의 금속활자이다.

　우리 겨레가 제 정신을 빼앗기고 갈피를 잡지 못하는 사이에, 세계 역사는 소용돌이쳤고 우리는 분단의 현실 앞에 내동댕이쳐졌습니다. 분단과 전쟁 속에서 한반도는 아픔과 눈물과 슬픔과 한숨, 그리고 반목과 불신의 땅으로 변해 버렸습니다. 그러기를 60여 년, 이제는 분단도 남의 정신도 갈등과 한숨도 모두 자연스럽게 여기게 될 만큼의 세월이 흘렀고, 냉전의 산물이던 분단된 한반도는 화해의 시대를 거쳐, 세계화의 물결 속에서 다시금 생존과 번영의 길을 모색하고 있습니다.

　요즈음 세계 어디를 가도 한국인의 자긍심을 높여주는 문화의 물결이 있으니 그것은 바로 '한류'입니다. 21세기를 넘어서면서 한국의 대중문화가 국경을 넘어 세계로 진출하면서 큰 반향을 일으킨 문화현상입니다. 처음에는 동아시아에서 시작되었지만 이제는 아시아를 넘어서 유럽과 아프리카, 중동, 중남미, 미국을 거쳐 전세계로 확장되고 있습니다. 이처럼 한류는 전세계인과 공감하고 소통하면서 한국문화의 독창성과 고유성을 세계에 펼치고 있습니다.

　우리 옛 속담에 '호랑이에게 물려 가도 정신만 차리면 산다'는 말이 있습니다. 끝도 없이 계속되었던 고난의 역사 속에서 우리 민족은 얼마나 많은 호랑이를 만났으며, 호랑이 소굴로 끌려갔다가도 다시금 벗어나는 '정신 차리기'를 얼마나 많이 반복했습니까? 비록 좁은 영토에서 사는 민족이지만, 우리는 어려움을 당할 때마다 겨레얼을 지키고 살리면서 위기를 극복하며 오늘에 이르렀습니다.

　또 문화강국이었던 중국의 영향 속에서도 중국과는 다른 말, 다른 문자, 다른 문화, 다른 사상을 발전시켜 문화민족으로서의 자긍심을 지키며 살아왔습니다. 이 자긍심의 뿌리는 겨레얼이고 그 줄기와 잎은 우리의 언어, 문자, 문화, 사상입니다. 특히 세종대왕이 과학적 원리에 따라 창제한 우리 한글은 세계적으로 뛰어난 문자로 평가받고 있습니다. 이처럼 창조적인 문

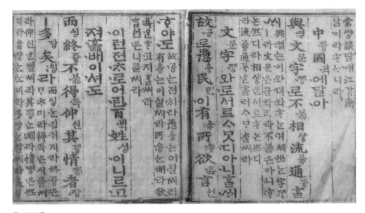

훈민정음

화와 사상으로 꽃피운 우리 겨레얼은 앞으로 세계가 주목하지 않을 수 없는 열매를 맺게 할 역동적인 힘이 될 것입니다.

　이제 우리가 해야 할 일은 이 힘을 발휘하기 위해서 우리의 뿌리를 돌아보고 정신을 차리는 일입니다. 결코 짧지 않은 역사에 견주어 보면 지금의 이 아픔과 시련은 잠깐에 지나지 않습니다. 아울러 분단과 분열이라는 이 시대의 고통도 우리를 노리는 또 한 마리의 호랑이에 지나지 않습니다. 우리가 정신을 차리고 우리 얼의 뿌리를 찾아 아끼고 키워 나간다면, 반드시 평화통일을 이룩하여 인류의 행복에 공헌할 수 있을 것입니다.

2

유비쿼터스[Ubiquitous]의 행복

우리 민족의 특성에는 긍정적인 면도 있고 부정적인 면도 있습니다. 이 중에서도 은근과 끈기, 정, 화끈함, 신바람, 열정 등은 긍정적인 측면이라고 할 수 있습니다. 화끈함, 신바람, 열정 등의 특징은 우리가 합리적이고 정확한 판단을 내리기 이전에 우리의 생각과 행동을 움직이게 하는 동력이 되기도 합니다. 2002년 한일월드컵 대회에서 세계인의 이목을 집중시킨 우리 응원단의 뜨거운 열정을 보아도 이를 알 수 있습니다.

남북이 함께 입장하는 모습
2018 평창 동계올림픽

　이 힘은 무엇일까요? 이제까지 우리는 이 힘들이 우리가 받아들인 외래문화로부터 온 것일 거라고 생각하기도 했습니다. 어떻게 보면 한국문화는 유교, 불교, 도교, 기독교 등과 같은 종교적 가르침이 가져다 준 문화라고 생각할 수 있는 면도 있습니다. 그 가운데는 한국의 전통 사상과 문화로 자리잡고 있는 종교도 있으니까요.

　실제로 우리들의 삶에는 이 종교문화들이 뒤섞여서 많은 일이 일어납니다. 그래서 한국의 사상과 문화가 무엇이냐고 물으면 이 종교문화들을 모두 이야기하기도 합니다. 어찌 보면 우

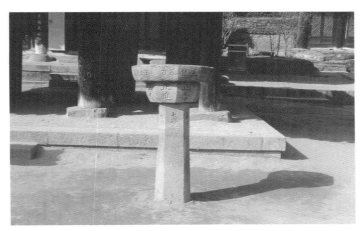

팔정도당
경남 양산군 통도사. 원시불교의 중심교리인 팔정도를 상징

리 민족처럼 남의 것을 가져다가 자기 것처럼 잘 활용하는 민족도 없는 것 같습니다. 이 종교들은 발생한 문화적 토양이 제각각 다르지만, 한국에 와서 뿌리를 내리면서 한국적인 것으로 변하여, 본래의 모습과는 다른 한국적인 면모를 갖추게 되었습니다. 그렇다면 우리 한국의 정신적 토양은 과연 어떤 것이길래 이 거대한 문화들을 모두 우리 토양에 맞게 변화시켜 버리는 것일까요?

이 궁금증은 우리가 겨레얼에 다가가는 첫걸음이 됩니다. 우리 민족이 지닌 고유한 문화와 사상이 무엇인지를 밝혀 내어

무병장수를 지켜주는 도교의 신들(명지대학교박물관 제공)

우리 얼을 찾으려면, 옛날로 거슬러 올라가서 조상들이 오순
도순 모여 살던 시절로 가 보아야 합니다. 유학이 우리에게 충
효를 가르쳐 주기 이전, 불교가 해탈과 성불을 알려 주기 이전,
도교가 불로장생과 신선에 관해 이야기해 주기 이전에 우리
조상들이 어떻게 가슴을 맞대고 살아 왔는지를 알아보아야 합
니다.

그분들이 무엇을 생각하고 어떻게 말하고 어떤 대상을 사랑하고 숭배했을까 하는 점에, 뿌리 찾기를 시작한 우리는 관심을 기울이지 않을 수 없습니다. 그분들이 가장 소중히 여겼던 것이 무엇이며 열렬히 소망했던 것이 어떤 것이었는지, 어떤 관심사가 우리 민족을 하나로 엮어 주었는지를 알아 낸다면 우리의 앞날을 비춰 주는 큰 등불이 될 것이기 때문입니다. 그러면 우리 한국인의 정신과 꿈, 혼은 무엇일까요? 그 근원을 『삼국유사三國遺事』속에 들어 있는 국조國祖 단군에 관한 기록으로부터 시작하여 찾아 보고자 합니다.

승려 일연이 『삼국유사』를 기술할 당시인 고려 충렬왕 때는 우리 민족이 몽고(원나라)의 침입을 받아 사실상 그들의 지배를 받은 시기였습니다. 일연은 『삼국유사』를 쓰면서, 몽고의 간섭 아래서 수난을 당하고 있던 우리 민족에게, 민족적 자각과 자부심을 일깨워서 겨레얼을 살려 내고자 노력했던 것으로 보입니다. 따라서 이 『삼국유사』에 실린 단군의 이야기를 통하여, 우리는 그 내면에 옹골차게 숨겨져 있는 우리 조상들의 다이아몬드 같이 단단하고 빛나는 꿈과 이상을 찾아 낼 수 있을 것입니다.

삼강행실도 중의 효자도

무씨사당벽화
단군신화의 내용과 유사하다.

　이 이야기는 환웅이 태백산에 내려와 신시神市를 세우는 환
웅 이야기, 사람이 되고 싶었던 곰이 시험을 통과하여 웅녀가
되고 마침내 단군을 출산하는 웅녀 이야기, 그리고 나라를 건
국한 후 산신이 되는 단군의 이야기라는 3부작으로 구성됩니
다. 그리고 바야흐로 국조國祖 단군의 아버지인 환웅桓雄이 사
람들이 살고 있는 지상으로 내려오는 데서부터 이야기는 시작
됩니다.

공동체의 상징인 두레

　천신인 환인桓因의 아들들 중 환웅은 지상세계에 자주 뜻을 두었는데, 이 소원은 아버지인 환인의 마음조차 움직이게 됩니다. 아들의 꿈에 감동한 아버지는 신하들과 필요한 것들을 챙겨서 아들을 지상에 내려보냅니다. 이 장면은 매우 웅장했을 것입니다. 천상에서는 하강하는 왕자를 위한 잔치가 벌어졌을 것이고, 왕자는 자신이 원하던 땅인 인간세계를 내려다보며 크게 심호흡을 했을 것입니다. 그가 거느린 바람신風伯, 비신雨師, 구름신雲師은 미지의 세상을 내려다보며 위풍당당한 기상을 뽐냈을 것이고, 아버지 환인이 챙겨준 '천부인天符印' 세 개는 환웅의 품속에서 그 위용을 자랑했을 것입니다.

이 환웅 천왕은 자신이 사랑하는 인간들이 있는 태백산으로 하강합니다. 태백산은 밝음을 상징하는 산으로 오늘날 백두산으로 생각하고 있습니다. 그의 마음에는 '그 땅에서는 사람들이 행복할 수 있겠구나! [可以弘益人間]'라고 감탄하며 아들의 뜻을 헤아려 준 아버지에 대한 믿음과 감사, 그리고 그 땅에 거하는 인간들에 대한 사랑이 가득 차 있습니다. 가능성으로 빛나는 사람들이 사는 곳, 그곳에서 펼쳐 보이고 싶은 하늘 세계의 꿈으로 환웅 천왕의 마음은 부풀었을 것입니다.

우리가 조선의 건국이념으로 알고 있는 '홍익인간弘益人間'은 이처럼 단군 이야기의 첫 번째 부분인 환인 이야기에 등장하는 내용으로, 사실은 단군 왕검의 할아버지인 환인 천제의 뜻이었음을 알 수 있습니다. 그런데 조금 더 유의하여 이 기록의 한문 원문을 보면, 이 '홍익인간' 네 글자 앞에서 '가이可以'라는 표현을 볼 수 있습니다. 이 말은 '~할 만한'이라는 뜻입니다. 그러니까 이는 '가능성' '잠재능력'을 의미합니다. 아버지 신이 곰곰이 살펴보니 아들이 그 땅에 관심을 가진 원인을 알 수 있었는데, 그것은 바로 '가능성', 홍익인간의 '잠재력'이었던 것입니다.

3

우주와 지구에 넘치는 생명

그러면 '홍익인간'은 무엇일까요?
이 말은 '널리 인간을 유익하게 한다' 또는 '인간을 크게 이롭
게 한다'는 뜻으로 해석할 수 있는데, 여기서 '널리'와 '유익하
게 함', 그리고 '인간'의 의미를 좀 더 살펴볼 수 있겠습니다. 먼
저 '널리'라는 의미는 성별과 계급과 지역과 파당, 빈부와 귀천
에 따라 사람을 구별하여 차등을 두지 않는 넓은 마음입니다.

넓고 크게 사람들을 사랑할 수 있는 이 마음을 펼쳐 낸다면

시간적으로는 우주의 시작에서부터 마지막까지가, 공간적으로
는 한반도에서 시작하여 온 지구가 '홍익인간'의 대상이 될 것
입니다. 그러니까 우리 애국가에 나오는 '동해물과 백두산이
마르고 닳도록'이라는 말과도 상통하겠지요. 그리고 '유익'과
'인간'이라는 의미와 함께 연결시켜 본다면 인간에게 끼치는
유익함이 다양한 방면에서 일어나야 함을 뜻하기도 합니다. 다
시 말하면 인간의 삶의 모든 면에 유익함을 주어야 한다는 것
이지요.

다음으로 '인간'의 의미를 보면
여기에는 '한 사람'이 아닌 '공동체'
의 뜻이 숨어 있습니다. 한자의 '인
人'은 이미 두 사람을 가리킵니다.
이 글자는 앞에 한 사람이 기대고
뒤에 다른 사람이 받치고 서서 서로
의지하는 모양을 보여 주기 때문입
니다. 따라서 뒤따르는 '간間'자까지
놓고 보면 '사람과 사람 사이'라는
말이 되고 이는 바로 사람들이 모여
사는 '공동체', '사회'를 뜻합니다.

갑골문자('人' '畜')

'유익함'이란 무엇일까요? 한자의 '익益'자는 그릇[皿]에 물이 흘러넘치는 모습을 형상화한 것입니다. 행복과 이익을 적당히 주고 끝나는 것이 아니라 풍족할 정도로 혜택이 넘치는 상태가 '益'입니다. 쉽게 설명하면 '넘치는 행복'이라고 해도 될까요? 작은 행복도 그것이 씨앗이 되면 사람들을 행복하게 만들 수 있습니다. 그런데 주체할 수 없이 철철 흘러넘치는 행복이 준비되어 있다면 어떻겠습니까? 상상만 해도 가슴이 벅차 오를 것입니다.

이 말들의 의미를 다시 연결하여 본다면 '홍익인간'의 뜻은 이런 것이라고 이해할 수 있을 것입니다. '언제나 그리고 어디서든지 사람들이 행복을 풍족하게 누릴 수 있도록 해 주는 것!' 이 행복 속에는 민족과 국가와 이념 간 갈등도 없고 계급과 성별과 인종 간 차별도 없습니다. 어찌 보면 전 인류가 추구하고 도달하고 싶은 최고의 낙원이라고도 할 수 있겠지요. 이 꿈은 인류가 한 번도 달성해 보지 못한 신기루 같은 것인지도 모릅니다. 어쩌면 이 현세에서는 이루기 힘든, 가상의 세계에서나 가능한 것인지도 모릅니다.

하지만 한국인들은 환인의 뜻으로 표현한 이 꿈을 비현실적인 꿈이라고만 여기지는 않았습니다. 허구와 가상으로만 치부

혼일강리역대국도지도
옛 사람들이 그린 아시아의 모습

하지도 않았습니다. 이 황당할 수도 있는 이상을 위하여 우리 민족의 역사는 신화가 되고 꿈이 되고 희망이 되었습니다. 언제 어디서나 펼쳐지는 유비쿼터스[Ubiquitous]의 행복은 우리의 별이 되고 지팡이가 되어 주었습니다. 이 '홍익인간'의 꿈이 언제나 '가능성[可以]'으로서 우리 가슴에 새겨져 있었기 때문입니다. 그리고 이 가능성 덕분에 우리 민족은, 아주 오래 전 신[神]이 선택한 민족이라는 당당하고 도도한 자부심으로 우리 자신을 지켜올 수 있었습니다.

세계화의 물결 앞에서 분단된 모습으로 웅크리고 있는 지금도, 어쩔 수 없는 숙명에 따라 남북이 서로에게 총부리를 겨누어야 했던 때에도, 이웃나라의 잔악한 압제 아래 몸을 도사리고 있을 때도, 제국주의를 앞세운 서구의 야욕 앞에서 의연히 떨치고 일어설 때도, 대륙의 힘과 문명에 맞닥뜨려 타협하며 살지 않을 수 없던 때에도, 그리고 오랑캐의 침략을 당해 우리의 얼과 정신을 되새기고자 상고사를 더듬던 시대에도 한민족의 자긍심과 기상은 단 한 번도 움추러든 적이 없었습니다.

그 엄청난 가능성과 잠재력은 신이 우리를 선택한 원인이었을 뿐만 아니라 결국은 '홍익인간'을 이루어내도록[乃成弘益人間] 이끄는 원동력이 될 것이라는 우리 민족의 꿈, 엄청난 가능성[可以弘益人間]의 자그만 씨앗으로 지금도 살아 있어서 이제 곧

강화도 마니산 참성단의 천제단(사적 제136호)

싹트고 꽃피고 열매를 맺을 것입니다.

　그러면 이제 환웅 천왕의 지상강림으로 돌아가 봅시다. 환웅은 아버지의 선물을 품속에 간직한 채 아버지가 딸려 보낸 신들을 거느리고 당당하게 태백산에 내려옵니다. 이 장엄한 강림에는 아버지가 보여 준 따뜻한 격려와 기대, 그리고 자신이 품은 웅장한 포부가 가득 담겨 있습니다. 그가 가슴속에 간직한 아버지의 선물은 바로 '천부인' 세 개였습니다.

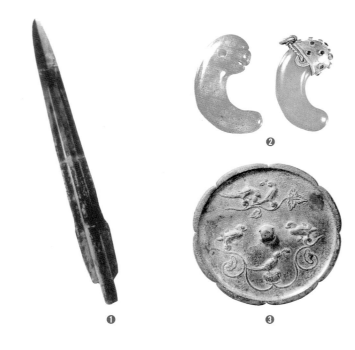

❶ 세형동검 ❷ 곡옥(신라) ❸ 서조문 동경(고려)

　　이 '천부인'은 무엇일까요? 여러 학자들이 이에 대해 다양하
게 해석해 왔습니다. 그 중에는 거울, 칼, 옥이 '천부인'이라고
보아, 거울은 맑은 지성, 칼은 위엄이 있는 투지, 옥은 도야된
정서를 상징하는 것으로 해석하는 견해도 있습니다. 하지만 여
기서는 '천부인'이 무엇이냐 하는 그 문제보다는 그 말이 내포
하는 의미에 주목해 보고자 합니다.

창경궁 명정전 답도의 태극문양

'천부인'을 글자 그대로 풀이하면 '하늘[天]에 부합[符]하는 도장[印]'이라고 볼 수 있습니다. 부[符]라는 글자는 대충 비슷한 것이 아니라 바늘끝만큼의 오차도 없이 꼭 들어맞는 것을 의미합니다. 우리가 인감도장을 찍어 놓고 원본과 대조해 볼 때 조금이라도 다른 점이 있으면 그것은 위조로 판명됩니다. 꼭 들어맞아야 하는 것입니다. 따라서 환웅 천왕이 가지고 온 이 '천부인'은 하늘의 기준, 법도 그대로를 뜻합니다. 이 기준의 특징은 절대성입니다. 경우에 따라 늘었다 줄었다 하는 기준이 아니라, 하늘의 도가 늘 그런 것처럼 변하지 않고 변할 수 없는 절대가치의 기준인 것입니다.

우리 민족은 아주 오래 전부터 하늘을 섬겨 왔습니다. 그 하늘은 원리일 수도 있고 인격신일 수도 있습니다. 어쩌면 우리 민족이 모셔 온 하늘은 두 가지 의미를 다 지닌 하늘일 수도 있습니다. 우리 민족이 즐겨 입은 흰옷과 내세를 염원하는 순장 풍속, 그리고 하늘과 인간과 자연을 아우르며 즐겼던 고대의 제천의식은 땅에 살지만 영원한 세계를 희구해 온 고고하고 아름다운 겨레얼의 상징입니다.

환인桓因, 환웅桓雄, 태백太白의 '환桓', '백白', 단군檀君의 '단檀'은 모두 '밝음', '광명'을 의미하며, 단군이 도읍을 정한 '아사달' 또한 아침과 밝음을 뜻합니다. 한국의 전통 가옥에서 살짝 들려 올라간 처마의 곡선과 버선코, 여자 저고리의 앞섶의 모양도 한국인이 은근히 '하늘바라기'를 하고 있었음을 보여 줍니다. 우리 애국가에서 '하느님이 보우하사~'라는 구절이나, 흔히 쓰는 말 중에 '하늘이 무섭지도 않느냐'라든가 '하늘이 낸 사람' 등을 보면 한민족의 일상은 하늘을 의식하고 하늘을 닮으려는 염원으로 가득 차 있었음을 알 수 있습니다.

하늘이 상징하는 우주성과 원대함은 우리 문화 속에도 깃들어 태극 문양과 원圓으로 형상화되었습니다. 이 원은 하늘과 자연과 인간을 담는 우주로서 '우리'라는 의식의 근원이 됩니다. 하늘이 품은 끝없는 세상과 하늘이 지닌 측량할 수 없는 조화와 지혜는, 우리에게 내려와서 신바람이 되고 신명이 되고 휘몰이가 되고 어머니 대지의 품이 되었습니다.

그래서 고려의 명승 일연은 비록 몽고가 우리의 국권을 유린하고 있지만, 우리의 조상은 하느님이고 우리의 법도는 하늘의 것이며 우리의 꿈은 하느님의 이상을 실현하는 것임을 드러내어, 우리 겨레의 따사롭고 활발한 생명력을 떨쳐 일으키고 겨레얼을 고취시키고자 했던 것입니다.

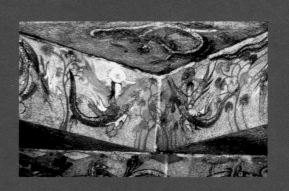

제 2 장

홍익인간, 겨레얼의 이상향

1. 몸과 마음이 평안한 땅
2. 포용과 화합의 아름다움
3. 산에 머무르다

1

몸과 마음이 평안한 땅

이제 나라를 다스리는 대계大計는
섰습니다. 그러면 환웅 천왕이 다스린 나라의 구체적인 정책
은 무엇이었고, 우리 민족이 이상으로 본 세상은 어떤 것이었
을까요? 환웅은 세 가지 임무를 담당한 세 명의 신과 함께 지
상에 내려옵니다. 이 세 신은 각각 바람신風伯, 비신雨師, 구름신
雲師입니다. 기록에 보면 이들은 환웅 천왕을 도와, 곡식과 수명
과 선악 등 인간의 360여 가지 일을 맡아 처리했다고 되어 있
습니다. 이제 이 세 신들의 역할을 하나하나 살펴보면서, 고대

로부터 우리 조상들이 가장 이상적인 사회의 모습이라 생각했던 것이 어떤 것인지 살펴보도록 하겠습니다.

환웅을 좇아 야심만만하게 등장하는 신들은 그 이름만 보아도 알 수 있듯이 자연의 조화를 담당하고 있습니다. 바람과 구름과 비는 고대에나 현대에나 인간의 삶에 중대한 영향을 주는 자연의 위력입니다. 옛부터 인간은 자연의 위협에 맞서 자신을 지켜 나가야만 했습니다. 하지만 이것은 만만한 일이 아니어서 아무리 조심하여도 생명을 지키기는 늘 힘들었습니다. 현대에는 발달한 과학기술로 어느 정도 자연의 운행을 예측하기도 하지만, 고대인들에게 자연은 알 수 없는 공포와 경외의 대상이었습니다. 그래서 동서양을 막론하고 사람들은 자연을 신격화하지 않을 수 없었던 것입니다.

이 신격화의 첫걸음이 정령숭배Animism 입니다. 자연의 만물에는 정령Anima이 깃들어 있고, 착하거나 악한 이 정령들이 자연의 조화도 일으키고 인간의 화복에도 영향력을 행사한다고 고대인들은 생각했습니다. 따라서 정령이 깃든 이 모든 자연물을 숭배해야 한다고 믿었던 것입니다. 그런데 이 경우 사람들이 자연을 숭배하게 된 데는 오직 자신들의 생존과 연결된 이유가 있었을 뿐 선악이라는 도덕적 문제는 이 일과 아무런 관계

파도
자연의 위력을 보여준다.

가 없었습니다.

　그러다가 사람들은 이 속에서 어떤 질서와 이 질서를 유지
하는 힘을 찾아 냅니다. 태양이 일정하게 떠오르고 지고, 바닷
물이 차올랐다 잦아지고, 계절이 변화하고, 별자리가 움직이는
것 등이 그런 질서였습니다. 이 단계에 오면 이러한 일정한 질
서를 주관하는 최고신을 생각하게 되고 이것이 태양 또는 하

늘이라고 생각하게 됩니다. 우리가 즐겨 읽는 그리스·로마 신화의 세계도 인간이 이해한 자연의 질서와 법칙을 의인화하여 그려낸 이야기들입니다.

그런데 자연계에서 가장 강력한 위력을 지닌 태양이라 해도 결국은 수많은 자연물 가운데 하나에 지나지 않으므로, 여기서 한 단계 더 발전한 관념이 바로 한계를 찾을 수 없는 우주(하늘)의 조화를 숭상하는 천신天神신앙이라고 할 수 있습니다. 그러므로 우리 단군 이야기에서 천신인 환인은 환웅과 최고신을 뜻하며, 또한 환웅을 보필한 신들인 풍백, 우사, 운사도 저급한 정령숭배인 애니미즘의 차원을 뛰어넘어 윤리적으로 승화된 기능신이라고 볼 수 있는 것입니다.

다음으로 그들이 담당한 곡식, 수명, 질병, 형벌, 선악 등 360여 가지 인간의 일을 살펴보기로 합시다. 곡식을 주관했다는 것은 당시 사람들의 주요 경제생활인 농업을 관장하여 먹고 사는 데 어려움이 없게 하였다는 것을 의미하고, 수명을 담당했다는 것은 비명에 죽는 것, 뜻하지 않게 죽을 수 있는 모든 일로부터 사람들을 보호해 주었다는 것을 뜻합니다. 질병을 담당했다는 것은 건강하게 살게 해주었다는 것이며, 형벌을 주관했다는 것은 갈등과 분쟁을 다스린 것을 의미합니다. 마지막으

고구려 고분 벽화에 보이는 해신, 달신
고구려. 집안 오회분 4호묘

로 선악을 주관했다는 것은 공동체의 규범과 가치관을 분명히
했다는 것입니다. 그러므로 360여 가지 인간의 일은 사람이 태
어나서 죽을 때까지 겪는 모든 일을 말하는 것입니다.

　이것을 조금 현대적으로 해석해 볼까요? 곡식을 관장한 것
은 경제적 안정과 풍요의 지침으로 국가 정책의 일번지가 되
고, 수명을 관장함은 적의 침입으로 죽는 것, 전쟁에 희생되는
일을 막는 것입니다. 즉 국가안보의 보장입니다. 질병을 담당
한 것은 각종 질병으로부터 보호하고 치료하는 것이고 건강은

바로 복지와 연관됩니다. 형벌의 주관은 질서가 잡힌 안정된 공동체를 만들었다는 것으로, 사회 기강과 규율이 잡힌 것을 의미합니다. 그런데 형벌의 기준이 불명확하면 국가 구성원들이 마음 편하게 살 수 없습니다. 그래서 법을 만들어 시행하게 됩니다. 그런데 어떤 기준으로 그 형벌이 세워져야 하는가가 중요하기 때문에, 선과 악을 주관하는 일이 필요합니다. 이것은 규범의 타당성을 가르고 가치관을 따지는 일입니다. 공동체가 지향하고 추구하는 것이 무엇인가를 따지고 판별합니다. 만약 국가가 도중에 방향을 바꾸면 그 기준도 달라질 것입니다. 그러니까 구성원들의 경제적 삶을 책임지고, 공동체의 안보와 안위를 보장하고, 복지를 구현하고, 나아가 질서와 안정을 추구하는 것, 그리고 지향점을 분명히 하는 것, 이것이 바로 국가 정책의 구현 현장입니다.

이 신들의 이름에서도 알 수 있듯이 풍백, 우사, 운사는 모두 자연현상에 관계합니다. 이들은 당시 농업을 주요생활로 하고 있던 우리 민족의 삶에 중요한 영향을 주는 신들이었습니다. 특별히 우사(비의 신)는 벼락을 동반하기 때문에 인간의 선악을 관장하는 신으로 여겨졌습니다.

그러면 이 신들과 그들이 담당한 일로부터 알 수 있는 '신의 나라[神市]'의 모습은 어떤 것이었을까요? 먼저, 곡식과 수명을 관장하는 신이 있었던 것으로 보아 먹을 것이 풍족하고 질병이 없는 생활을 했을 것으로 보입니다. 다음으로, 선악을 관장하는 신이 있었다는 것은 질서가 유지되는 평화로운 공동체를 영위한 것으로 볼 수 있습니다.

행복을 말할 때 육체의 조건을 중시하거나 우선시하는 사람도 많고, 반대로 마음의 즐거움에서 행복을 얻으려고 하는 사람도 많습니다. 하지만 우리 조상들이 생각했던 행복한 삶이란, 몸과 마음의 행복을 함께 완성하는 것이라고 할 수 있습니다. 즉 몸과 마음 중 어느 한 방면에만 강조점을 두지 않은 조화로운 행복을 추구한 것입니다. 몸이 편안하고 마음이 평화로운 곳, 이곳은 바로 환웅 천왕이 건설한 신시[神市]였습니다. 그리고 이 신시의 모습은 그의 아들 단군 왕검이 만들어 가야 할 조선의 목적지가 되었을 뿐만 아니라 바로 21세기 통일 한국의 모델이 됩니다.

2

포용과 화합의 아름다움

신이 지상에 내려와 태백산에 멋지게 꾸며 놓은 이 나라는 그 완벽함 때문에 천상계와 지상계에 두루 소문이 났습니다. 땅위에 사는 동물들에게도 예외는 아니어서 그들도 이 신시의 구성원이 되어 몸과 마음의 행복을 누리며 살고 싶어졌습니다. 하지만 동물의 몸으로는 어림도 없는 일! 환웅 천왕이 자신의 꿈을 펼친 상대는 다름 아닌 인간이었고, 신시의 어엿한 시민이 되려면 반드시 인간이어야만 했습니다. 이 때문에 동물들 중 제법 품위를 지닌 호랑이와 곰은 사람이 되는 일에 도전하고 싶어졌습니다.

이들은 용감하게도 환웅 천왕을 찾아가 자신들의 소원을 말했습니다. 비천한 동물이지만 자신의 왕국에 편입하고 싶다는 그들의 소원은 왕을 감동시키기에 충분했고, 결국 왕은 호랑이와 곰에게 특별한 과제를 부과하였습니다. 그것은 바로 동굴 속에서 일정량의 쑥과 마늘만 먹고 백일 동안이나 버텨야 한다는 일종의 시험이었습니다. 물론 쑥과 마늘은 약용으로 쓰일 만큼 좋은 식물이긴 하지만, 곰과 호랑이 같은 육식성 맹수의 먹이가 된다는 것은 당치도 않은 일입니다. 게다가 산과 들을 활보하는 맹수에게 동굴 속에 쳐박혀서 하루 이틀도 아니고 백일이나 살라는 것은, 굶주림과 어두움 속에서 죽음과도 같은 절망만 친구 삼아 지내라는 것이나 같습니다.

곰보다 더 활달한 호랑이가 고난을 이겨내지 못하고 도중하차한 후, 죽으면 죽으리라 하며 버텨내고 있던 곰을 애처로이 여긴 신은, 약속한 기간이 절반도 지나지 않은 21일 만에 그를 사람으로 변화시켜 줍니다. 동굴 속에서 21일을 버티며 꿈 하나만 그리고 살던 곰이 밖으로 나왔을 때, 그는 햇빛 앞에 눈조차 뜰 수 없는 초라한 모습이었을 것입니다. 어두운 곳에서 언제 해가 뜨고 지는지도, 시간이 얼마나 지났는지도 알 수 없이

고구려 각저총 씨름도
왼쪽 신단수 밑에 곰과 호랑이가 앉아있어 단군이야기를 연상시킨다.

오직 사람이 되겠다는 집념 하나만 붙잡고 지낸 곰은, 신의 은
혜로 한순간에 어여쁜 여인으로 변하였습니다. 그리고 마침내
환웅 천왕과 사랑을 하고 단군이라는 아이를 낳는 행복까지
거머쥐게 된 것입니다.

여기까지를 웅녀이야기라고 분류하기도 합니다. 그러면 웅
녀이야기를 분석해 보겠습니다. 곰과 호랑이가 무엇을 의미하
는가에 대해서는 다양하게 해석할 수 있지만 그 중에서도 토

템신앙Totemism의 화신으로 보는 견해가 가장 우세합니다. 즉 곰과 호랑이는 각각 시조신으로 곰을 섬기는 부족과 호랑이를 섬기는 부족을 가리키는데, 두 부족이 대결한 끝에 곰 토템 부족이 승리하였다고 보는 의견입니다. 이렇게 해석할 때 환웅 또한 청동기 문화를 지닌 외래 부족의 상징으로 해석되기도 합니다. 결국 승리한 곰 토템 부족이 청동기 문화를 지닌 환웅 부족과 결합하여 고조선의 모태가 되었다고 말할 수 있는 것이지요. 하지만 포용력이 넓은 우리 조상은 호랑이 토템 부족과도 함께했습니다. 고조선의 벼슬에는 호가虎加라는 직위가 있었는데 이는 호랑이 토템족도 우대해준 흔적이라고 하겠습니다.

예로부터 고아시아족에게는 강한 곰토템이 있어서 곰을 매우 숭배하여 신으로 받들었습니다. 조상이 죽으면 동물의 세계로 가서 곰이 되어 영원히 죽지 않는다고 믿었으므로, 곰은 조상신이며 동물 최고신이자 산신山神으로서, 성스러운 세계에 가서 인간의 모습을 하고 있다고 믿었던 것입니다. 따라서 곰의 후손이기도 한 단군이 후에 산신이 되는 것도 우연한 일은 아니라고 하겠습니다.

다른 해석으로는 곰, 즉 웅녀를 지모신地母神, 즉 대지의 어머

우리 조상들이 산신이자 지모신이라 여겼던 지리산 성모상

니 신으로 보는 경우가 있습니다. 청동기 문화권에서 최고의 지위를 차지한 신은 일반적으로 남성신인 천신天神이었습니다. 그러나 그 이전에는 땅의 생명과 풍요를 관장한 여성신을 더욱 숭배했는데 이 여성신이 바로 지모신입니다. 단군의 이야기에서는 이 지모신이 천신이면서 남성신인 환웅과 조화와 화합을 이룸으로써, 남성과 여성의 화합과 사랑의 미래를 열어 줍니다. 따라서 한국의 고유한 전통에서는 다른 문화권보다 여성

을 더욱 존중하고 있음을 알 수 있습니다.

　이제는 '곰' 그 자체가 지니는 의미에 좀 더 다가가 보도록 하겠습니다. 곰은 긴 기간 동안 동면함으로써 죽음을 체험하고 봄에 다시 부활하여 활동합니다. 이는 씨앗이나 뿌리가 추운 겨울 동안 땅속에서 죽은 것처럼 지내다가 봄이 되어 싹을 틔우는 것과 비슷합니다. 즉 식물계의 주기적인 죽음과 재생 모티브는, 곰이 굴 속에 머무르는 동안 생명인 빛과 단절됨으로써 죽음을 경험한 후 다시 살아난다는 웅녀이야기와 비슷한 면이 있습니다.

　그렇다면 한국인들은 왜 곰을 선택했을까요? 용맹하고 진취적이고 적극적이고 활동적인 호랑이보다 우직하고 우둔하고 끈기 있고 인내심 있는 곰이 한국적 정서에 더 적합하다고 본 이유는 무엇이었을까요? 호랑이가 유목문화를 상징한다면 곰은 농경문화와 상통하는 점이 많아서 그런 것일까요?

　물론 호랑이보다는 곰이 식물적인 성격을 더 많이 지니고 있고, 이런 곰의 성격은 농경을 주로 하는 우리 문화와도 상통합니다. 어쩌면 우리 조상들은 곰이 지닌 인내와 소박함이 우리의 정서와 더 잘 맞는다고 생각했는지도 모릅니다. 특히 일연

동이족의 분포 지역
고조선의 세력 범위

강
송 화
●농안
●장춘   연길●
백두산▲
묘향산
▲
요 하
난 하 대 릉 하
산해관
●
발해만
동 해
●평양
▲구월산
한
마니산▲
강
낙 동 강
황 하
황해
화 이 하

고조선 영역도
(학자마다 견해가 다를 수 있음)

이 『삼국유사』를 집필하던 그 시절에는 활발한 호랑이의 용맹보다 은근한 곰의 참을성이 더욱 필요했기 때문인지도 모릅니다. 그리고 나아가 대륙의 강대국이 끊임없이 침범해 오는 현실 속에서 우리를 지킬 수 있는 힘은, 호랑이 같은 외면의 힘보다는 곰이 품고 있는 내면의 힘이라고 생각해 왔는지도 모릅니다.

3

산에 머무르다

                드디어 이 이야기의 진짜 주인공인
단군이 탄생했습니다. 그는 천신天神과 지신地神 사이에서 났으
니 신 중의 신이요, 신과 동물 사이에서 태어났으니 중간자인
인간이기도 합니다. 단군은 경인庚寅년에 평양성에 도읍을 정
하고 조선을 개국하여 1500년간 다스립니다. 이후 산신山神이
되어 1908세를 누립니다.

  우리가 애타게 기다렸던 단군 임금의 이야기는 예상보다 상
당히 짧게 끝납니다. 조선을 개국하는 배경이 되는 환웅과 웅

녀의 이야기는 다소 장황하리만큼 자세하게 나오는 데 비하여, 단군과 조선 건국의 이야기는 시작하다 덮어 버린 느낌이 있습니다. 왜 그럴까요?

이 의문을 풀어 줄 실마리는 바로 단군이 산신이 되어 2000년 가까이 후손들과 함께했다는 대목에 있습니다. 단군은 천신의 아들이므로 사후에 하늘로 돌아갈 수도 있었고 어머니인 지신을 따라 땅으로 올 수도 있었습니다. 하지만 단군은 그 중간 지점인 산을 택했고 산신이 되었습니다. 산으로 둘러싸인 땅에 살아 온 모든 민족이 다 그렇듯이, 우리 조상들도 산은 신성한 곳이라 여겼습니다.

산의 정상은 하늘에 가깝고 구름에 둘러싸여 하늘의 신비한 영역에 맞닿아 있는 것처럼 보이기 때문에, 옛사람들은 죽은 사람들이 산으로 돌아간다고 믿었습니다. 그 산에서 산신과 돌아가신 선조의 영혼이 함께 살고 있다고 말입니다. 그래서 한국인에게 산신은 기우제祈雨祭나 기설제祈雪祭의 대상이 되는 친근한 존재입니다. 따라서 단군이 시조신이며 산신이라는 것은, 건국의 시조가 차지한 특별한 지위를 상징합니다. 즉 단군은 다른 왕이나 보통 조상들과는 다른 특별한 지위에 올라, 지상에 내려온 천신이나 최고신과 똑같은 위력을 발휘했던 것입니다.

참성단의 천제(선의식)

　그러나 산은 천상세계에 속한 장소는 아닙니다. 하늘에도 땅
에도 속하지 않은 채로 하늘과 땅의 사이에 서 있는 산은 단군
의 출생 배경과 관계있는 곳이기도 합니다. 한국인들이 굳이
산을 우러르고 산신을 마음속에 품고 사는 데에는 한국인이
지닌 이상세계의 특성도 관계가 있을 것 같습니다. 초월적인
세계를 바라지는 않지만 현실 속에서 최고의 이상을 완수하고
자 추구하는 한국인들의 꿈은, 천상과 지상의 중간에 서서 하
늘을 향해 솟은 이 산들과 서로 통하는 면이 있습니다.

백두산 천지의 웅장하고 신비로운 풍경

　또한 한국인이 지니는 가족 간의 *끈끈한* 정과 조상에 효도하
는 풍속은 이 산으로부터 연유하는지도 모릅니다. 앞에서도 말
했지만 한국에서는 전통적으로 조상의 영혼이 이승과는 분리
된 죽은 자의 세계에 머무르는 것이 아니라 산을 중심으로 한
장소에 머문다고 믿었습니다. 이러한 믿음을 통해 조상의 혼
령과 살아 있는 후손들은 생사를 초월하여 같은 세계에서 만
나 하나의 사회 속에 통합됩니다. 즉 조상의 영혼은 후손들에

게 화나 복을 내리기도 하지만 살아 있는 가족과 비슷하게 가족 구성원으로서 일정한 역할을 맡는다는 믿음이 있었던 것입니다. 이 믿음이 바로 시조신인 단군이 산신이 되어 하늘과 땅의 중간영역에 머무르고 있다는 신앙과 연결됩니다.

그러면 우리 한국인의 혼과 꿈은 무엇일까요? 우리는 우리 민족 최초의 건국이념으로 알아 왔던 '홍익인간' 이념이 원래는 환웅 이야기 속에 포함된 내용임을 보았습니다. 게다가 그것은 환웅의 뜻이라기보다 그의 아버지, 즉 단군의 할아버지인 천신 환인의 이상이었음이 분명하다는 사실도 알아 내었습니다. '홍익인간'의 가능성이 있기 때문에 선택된 땅이 바로 한반도이고 그 가능성 때문에 선택된 민족이 바로 우리 민족입니다.

이 이야기에 따르면 단군은 하늘의 후손입니다. 그의 할아버지는 바로 하늘신으로서 가장 높고 가장 위대하고 가장 완전한 존재입니다. 할아버지가 아버지를 인간의 땅에 내려 보냈기에 조선이라는 나라가 설 수 있었습니다. 그러므로 우리 민족은 하늘의 후손인 천손天孫이고, 하느님의 뜻인 '홍익인간'은 우리 민족이 이루어 내야만 하는 최상의 사명이 되고 영원한 인류의 이상향이 되는 것입니다.

솟대는 지상과 천상의 매개체이자 통로이다.

　이 꿈을 실현하기 위해 환웅 천왕은 하늘의 영화를 버리고 지상에 내려왔고, 곰은 지옥 같은 괴로움을 참아 내며 사람이 되었습니다. 그리고 이 꿈을 이루기 위해 단군은 나라를 개국했고, 산신이 되어 영원히 우리 민족 곁에 머무르고 있는 것입니다. 그래서 이 '홍익인간'은 아직은 현실적 실체가 아닌 가능성의 형태를 띠고 있을 뿐이지만, 우리 민족의 가슴에 희망과 생기를 불어넣어 주고 한민족이라면 누구나 고개를 끄덕여 동의하는 우리 정신의 원형으로서, 다시 말해 우리 민족의 집단적 무의식으로서 우리의 유전인자 속에 새겨져 있는 것입니다.

　이 때문에 한국 사람은 어떤 이념이든지 이상이든지 간에 우리의 공동체를 잘살게 해 주지 못하면, 우리의 마음을 뿌듯하게 해 주지 못하면, 우리의 배를 불려 주지 못하면 이질감과 거부감을 느낍니다. 그리고 이웃을 해치고 미워해야 평화와 안전을 확보할 수 있다면, 그래서 하느님의 뜻에 어긋나는 일을 했다고 느끼면, 어쩔 수 없는 경우라고 해도 마음속으로는 심한 죄책감과 소외감에 시달립니다. 이러한 성향은 역사를 통하여 적극적으로 전쟁을 일으키지 못하게 했고, 인간에 대한 존중과 사랑을 강조하는 종교인 유교, 불교, 기독교 등을 기꺼이 받아들이게 했으며, 나아가 우리 민족의 혼과 정서를 민족종교에 불어넣었습니다. 그러므로 앞으로 열릴 통일조국 시대의 밑그림은 이러한 '홍익인간'의 이념을 염두에 두고 그려야 할 것입니다.

단군 이야기에서 우리는 두 가지를 알아낼 수 있습니다. 하나는 인간 존재를 바라보는 조상들의 시각이고 다른 하나는 국가공동체를 바라보는 관점입니다. 조상들은 인간 속에 신적인 면과 동물적인 면이 있다고 보았고, 어느 한 쪽으로 치우치지 않고 신이 갖는 속성과 동물이 갖는 속성이 혼재한다고 믿었습니다. 그러한 인간들이 모인, 그러한 지도자가 세운 이상적인 국가 공동체의 모습은 어떻게 생각했을까요?

단군으로부터, 조선으로부터 드디어 인간의 국가가 시작되었습니다. 그 이전 환웅이 세운 신시神市는 문자 그대로 신이 세운 나라입니다. 아마도 조선은 신시를 이상형Ideal type으로 하지 않았을까요? 아버지가 세운 나라, 어머니가 그리워했던 나라, 신시는 단군조선의 모델이 되기에 충분했을 것입니다. 홍익인간과 천부인의 기강이 있고 역할과 직무와 권력의 단정한 분담이 있고 구성원들 하나하나를 위한 세심한 정책이 시행된 나라! 대립과 미움과 갈등이 아닌, 사랑과 배려와 포용이 넘치는 나라! 이질적인 생각과 구성원들이 서로 합치고 부대끼며 하나가 되어가는 창조적 관용의 나라! 누구나 꿈을 가질 수 있고 노력과 행운으로 그것이 실현되는 나라!

신과 인간뿐만 아니라 동물까지도 아울렀던 모든 생명체를 향한 고귀한 애정과, 이상과 현실의 구분 없이 실현하고자 했던 배부르고 평안한 행복, 그리고 계급과 성별에 따른 차별이라곤 찾아 볼 수 없는 공동체, 그래서 누구나 자신의 꿈을 맘껏 펼칠 수 있고 나의 꿈이 우리의 미래가 될 수 있는 곳! 이곳은 바로 인류가 이제껏 실현하지 못한 자유와 평등과 박애의 땅이 될 것이고 될 수밖에 없을 것입니다.

왜냐하면 우리는 '홍익인간'의 씨앗이기 때문이고 신의 후손이기 때문입니다. 신이 몸소 찾아 낸 이 가능성의 땅에서 이 일을 이루어 냄으로써 우리 민족은 세계를 밝히는 등불이 되어야 합니다. 만약 이러한 땅을 만들지 못한다면 한반도의 영토적, 정치적 통일은 무의미한 일이 되고 우리는 신의 뜻에 따라 곰이 겪었던 시련을 계속해서 겪어 내게 될 것입니다.

부여 구아리 절터에서 출토된 곰상
우리 민족이 곰을 매우 친숙하게 여겼음을 보여 준다.

그러면 무엇이 우리의 혼이며 정신입니까? 우선 열거하자면 꼿꼿한 자존심, 빼어난 종교적 기상과 사상, 우리만의 언어와 풍속, 음식 등등이 있을 것입니다. 이러한 혼과 정신이 밟히고 또 밟혀도 뭉개지지 않았던 것은 우리가 특출한 문화와 사상을 지닌 민족이기 때문이었을 것입니다. 그 겨레얼의 실체는 무엇이었는지 하나씩 짚어 보도록 하겠습니다.

제 3 장

한국인의 겨레얼

1. 하늘 공경 신앙
2. 평화 · 겸양정신과 기상 · 기개의 겸비
3. 군자와 선비정신
4. 융화와 상생정신

1

하늘 공경 신앙

단군의 이야기에 나타난
우리 민족의 자부심이 다름 아닌 바로 천신의 후손이라는 점
을 통해 알 수 있듯이, 우리는 예로부터 하늘을 귀하게 여기고
숭배하며 살았습니다. 하늘을 뜻하는 우리의 옛말은 '한울'이
라고 하는데, '한'은 '환'이라고 쓰기도 했습니다. 이 '환'은 '환
히 밝다'는 뜻으로, 끝없는 울타리 속에 자리잡은 밝음이 바로
한울입니다. 그러므로 한민족은 하늘을 단순히 물리적인 우주
공간으로 생각하는 데서 끝난 것이 아니라 우리 조상인 하느

님이 계신 곳으로, 그리고 광명정대함이라는 삶의 원리와 지침
이 깃들어 있는 곳으로 믿었습니다.

　상고대의 한민족은 하늘이 만물을 창조하고 천지자연을 지
배하고 통치한다고 생각하고, 인간세상에서 나라를 다스리는
국조國祖는 하느님의 아들이요, 후손이라고 생각했습니다. 그
중에서도 우리의 개국 시조인 단군은 하느님의 친생자親生子의
아들, 즉 친손자라고 믿었습니다. 그리고 산신이 된 단군이 나
중에 천신이 되었다는 신앙도 있었습니다. 이런 신앙은 고구려
를 건국한 주몽에게도 나타났습니다. 주몽은 스스로 천제자天
帝子라 한 것입니다. 이 믿음은 한민족은 곧 하늘의 후손이라는
우리의 자긍심과 연결되어 있습니다. 따라서 우리 국조와 그
후손은 생전에나 사후에나 항상 하느님의 계시와 교훈을 받들

어 나라를 다스린다고 생각해 왔습니다.

　이와 비슷한 생각에 '천명天命' '천자天子' 사상이 있습니다.
천자란 하느님의 아들이란 뜻입니다. 유교의 전통 때문에 덕德
이 많은 사람을 하늘이 선택하여 통치자로 삼는다고 믿었는데,
바로 이 하늘의 선택, 하늘의 뜻을 일러 '천명'이라고 하였습니
다. 그런데 하늘이 선택한 천자가 덕을 잃고 백성을 돌보지 못
하면, 하늘은 그를 버리고 다른 사람을 천자로 세웁니다. 이는
천명의 변화입니다. 따라서 천자는 하늘이 선택할 수도 버릴
수도 있는 존재로서, 이는 친생자라기보다는 양자의 개념에 더
가깝다고 할 수 있습니다. 이런 천자 사상은 중국사람들에게
많이 나타났습니다.

　그러나 한국인들의 개국시조는 하느님의 손자이므로 이는
핏줄로 이어진 관계이고 친생자입니다. 결국 하늘과의 관계라
는 측면에서는 한국 민족의 자부심과 자긍심이 더 강할 수밖
에 없고, 친밀도 역시 중국인들과는 비교할 수 없습니다. 그래
서 한국인들은 하늘과 늘 가깝게 지냈고 사후의 세계도 따로
있다고 믿었습니다.

　이처럼 마음속에 늘 하늘을 숭배하는 감정을 품고 있던 한민

동굴
고구려의 제천행사인 동맹을 지낸 곳도 이런 동굴이었다.

족은 이 감정을 신앙의 형식으로 드러내기도 했습니다. 그 신
앙 형식이 바로 신에게 감사드리는 풍속으로 자리잡음으로써
1년에 한 두 차례씩 국가적으로 제천대회를 개최하게 된 것입
니다. 이 제천대회에서 사람들은 깨끗한 몸과 마음으로 하느님
과 국조신國祖神께 빌었습니다.

　이 행사는 대체로 한 해의 농사를 수확하고 난 후에 풍요롭
고 즐거운 마음과 몸으로 거행하였습니다. 부여의 영고, 고구
려의 동맹, 예의 무천, 그리고 백제의 교천 등은 모두 한국인이
얼마나 하늘과 친하게 지냈는가를 보여 줍니다. 영고迎鼓란 천

신을 맞이하는 맞이굿이란 뜻이고, 동맹東盟은 밝은 천신께 제사드린다는 의미이고, 무천舞天은 천신께 노래와 춤으로 제사한다는 뜻을 지닌 행사였습니다.

또한 이 제천대회를 통해 국왕을 선출하고 전쟁을 결정하고 형벌을 집행하는 등 국가의 중요한 일들을 결의하였습니다. 그러므로 이 제사들에는 한 해의 수확에 감사하는 의미도 있었고, 죄수를 석방하는 평화의 의미도 있었고, 나라의 모든 구성원이 음주가무를 즐기면서 '하나'가 됨으로써 공동체 의식을 고취한다는 의미도 있었습니다. 이 날만큼은 남자와 여자도, 높은 사람과 낮은 사람도, 가진 자와 못 가진 자의 구별도 없었습니다. 이 의식을 통하여 신과 인간이 하나되고 사람과 사람 사이의 화해와 화합이 이루어졌던 것입니다. 이 제천대회는 엄숙한 국가적 의식인 동시에 국민 전체의 대규모 친목화합잔치이기도 했습니다.

이렇게 하늘, 하느님과 친하게 지낸다는 것, 매사에 하느님을 의식한다는 것은 한국인이 절대적이고도 순수한 가치를 간직하고 있음을 뜻합니다. 우리 시조 단군의 '홍익인간', '천부인'에 숨어 있는 의미도 그러했거니와, 광개토대왕비에 전하는 고구려 시조 동명성왕이 당시 세자였던 유리왕에게 남긴 유명한 말에서도 이러한 사실을 확인할 수 있습니다. "도道로써 세상을 다스리라"는 말 가운데서 '도道'란 순수하고 깨끗한 인간성의 회복을 뜻하기 때문입니다. 이 도는 천상의 절대적 기준이며 사랑과 양보, 겸양과 평화에 기초한 인간성의 회복을 가리킵니다. 그래서 우리 민족은 예로부터 광명과 순수의 상징인 흰 옷을 즐겨 입었는데, 이는 우리 조상인 하느님의 광명정대함을 닮으려는 염원 때문이었을 것입니다.

이 하늘 숭배 신앙은 인간을 유익하게 한다는 단순한 인본주의에 불과한 것이 아니라 인간 속에 신성神性이 깃들어 있으므로 인간사회 속에 신의 세계를 이룰 수 있다는 믿음과 연결된 것이라고 하겠습니다. 여기에서 우리 민족이 생각하는 신과 인간의 관계는 결코 나누어질 수 없는 것이고 보면, 하늘 숭배와 제천의식을 신본神本주의 또는 인본人本주의의 어느 하나로는 설명할 수 없는 것입니다.

단군 이야기에서 신이 인간을 찾아 내려오고 곰과 호랑이도 인간이 되기를 염원한 것으로 볼 때 우리 조상들은 인간을 중심에 놓고 신과 인간과 자연이 서로 화합하는 세계를 추구했음을 알 수 있습니다. 그런데 '홍익인간'이라는 인간중심사상은 애초에 신으로부터 받은 통치이념이었고 그것을 인간세상에서 실현하는 데에 건국의 목표를 두었으므로, 인간을 중심에 두었다고 하여도 신과 인간이 '홍익인간'이라는 이상 속에 하나로 화합되어 있습니다. 그리고 이 화합의 정신이 문화적 형태로 나타난 것이 바로 제천대회입니다.

2

평화·겸양정신과 기상·기개의 겸비

우리 민족이 평화롭고 유순한 민족이었다는 것은 이웃 나라인 중국의 옛 기록에서도 볼 수 있습니다. 중국 한자의 가장 오래된 형태인 갑골문甲骨文에는 '인人'자가 '인仁'자보다 먼저 보이는데, 이 갑골문에 고조선을 '인방人方'이라고 표기한 것을 볼 때 중국인들은 한민족이 본래부터 온순하고 착한 민족이라고 생각하고 있었음을 알 수 있습니다.

또 중국의 옛 역사서인 『후한서後漢書』 「동이전東夷傳」에서는

동해(울릉도) 바다에 해가 솟아오르는 장면

우리 민족을 '동이東夷'라고 명명하였습니다. 이 '동이'의 '동東'
은 동녘을 뜻합니다. 동쪽은 해가 떠오르는 곳으로서 움직임을
상징하는데 특히 따뜻한 기운이 움직여서 나무를 비롯한 모든
생명체를 되살리는 계절인 봄이 동쪽에서부터 옵니다.

그리고 '이夷'는 나무뿌리로서 어질고 생명을 살리기 좋아하
는 것을 뜻하며 천지만물이 땅에 뿌리 박아 나오는 것이라고
설명하였습니다. 즉 우리 민족의 자연스럽고 평안한 성품은 모

든 생명의 근원이 되는 땅과도 같고, 또 이 땅을 살리는 훈훈하지만 강렬한 봄기운과도 같아서, 무엇이든지 살려 주고 키워 내는 저력을 우리 민족이 지녔음을 말해 주고 있습니다. 사람이나 동물이나 초목은 살아 있을 때는 부드럽고 연하고 약하지만 죽으면 오히려 단단하고 꿋꿋해지기 때문에, 부드럽고 약한 것은 생명을 상징하고 굳고 강한 것은 죽음을 뜻하게 됩니다. 그러므로 우리 겨레얼이 본질적으로 생명력을 내포한다는 것은 그 안에 땅과도 같은 평화와 겸양을 품고 있다는 사실을 입증합니다.

이 평화와 겸양은 뗄려야 뗄 수 없는 관계입니다. 사람에게는 겸손과 양보, 즉 겸양이 반드시 필요합니다. 개인들 사이에 겸양이 있을 때 사회가 유지되고, 나라들 사이에 겸양이 있을 때 지구촌에 평화가 정착됩니다. 우리는 평화를 유지하려면 무엇보다도 강한 힘이 필요하다고 생각하기 쉽습니다. 물론 힘을 갖추고 있는 것은 필요한 일이지만 언제나 힘만 앞세우다 보면 강한 힘끼리 서로 충돌할 수 있기 때문에, 한 발 뒤로 물러나 겸손하게 양보하는 태도가 더 필요하다고 할 수 있습니다.

실제로 우리는 강한 힘을 지닌 민족이었지만 전쟁터에서조차도 타고난 겸양과 평화의 마음을 발휘, 외교를 통한 화해

삼실총 기마 전투도
무예를 숭상한 기상이 드러난다.

와 협상을 동원하여 중국의 대군을 물리쳤던 일이 여러 번 있었습니다. 고려시대의 뛰어난 정치가이며 외교가였던 서희는, 993년에 고려의 일방적인 북진정책과 친송(親宋)외교에 불안을 느껴 대군을 이끌고 쳐들어온 거란의 장수 소손녕과 만나 담판을 지었습니다. 이 면담에서 서희는 국제정세에 근거를 둔 당당하고 조리 있는 주장을 펼쳐 평화와 겸양의 정신으로 큰 전쟁을 외교적 승리로 마무리했습니다. 그 결과로 고려는 압록강 동쪽의 여진족을 축출하고 강동 6주의 기초가 되는 성을 쌓고 생활권을 압록강까지 넓힐 수 있었습니다.

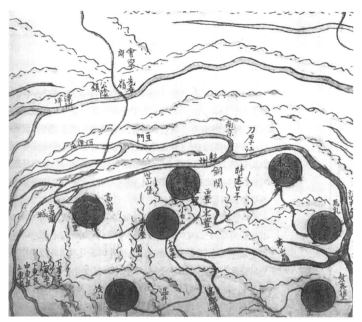

〈동국지도〉에 기록된 윤관 9성
두만강 북쪽까지 국토가 확장되었다.

앞에서도 말한 것처럼 '동이東夷'란 말에서 '동東'은 강건한 기운을 상징하며 '이夷'는 유순한 기운을 상징합니다. 이처럼 '동이東夷'라는 이름에서부터 짐작할 수 있는 강함과 부드러움, 기상과 겸양이라는 우리 겨레얼의 양면은 우리 조상들의 지혜로운 삶에서도 드러났던 것입니다. 봄기운은 그가 지닌 강한 생명력으로 겨우내 움츠리고 있던 모든 생명을 깨우고, 대지는 자신의 품에 안긴 나무뿌리들을 자라나게 합니다. 봄기운은 마냥 힘찬 기운으로만 우주를 이끌어 나가는 것처럼 보이지만 사실은 연한 풀잎 하나 다치지 않도록 섬세한 배려를 아끼지 않고, 땅은 가만히 하늘의 움직임에 반응하는 것처럼 보이지만 실제로는 생명을 일깨우고 자라나게 하는 꿋꿋한 힘을 그 안에 지녔습니다.

그러므로 이 '동이東夷'란 말에는 힘과 기상이 서려 있기도 합니다. 그런데 여기서 '이夷'란 글자는 '큰 대大'와 '활 궁弓'이 합쳐진 글자로서 동방사람을 뜻합니다. 그러므로 이 글자가 생성된 유래로 보아도 바로 동방사람인 '이夷'가 활을 처음으로 만들었음을 알 수 있습니다. 실제로도 '동이'인 숙신肅愼이 활을 최초로 만들었고 잘 쏘았다는 사실이 『삼국지』「동이전」에 기록되어 있습니다.

이 기록에 보면, '읍루挹婁'는 옛 숙신의 나라인데 사람들이 큰 활을 지녔고 활쏘기를 잘하여 명중시켰으므로 이웃나라에서 이 활을 두려워하여 끝내 읍루를 정복하지 못하였다고 합니다. 또 이 활은 길이가 네자이고 싸리채로 된 화살이 한자 세 치였다 하고, 활촉은 푸른 돌로 만들었다 하니 매우 크고 무거운 활이었음을 알 수 있습니다. 이 활은 고대 동아시아에서 보

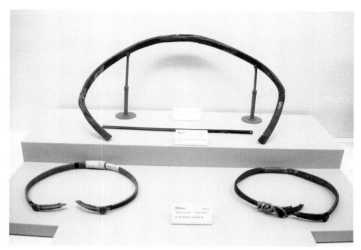

전통 활
우리 민족은 예로부터 활쏘기에 능했다.

물로 여겼던 까닭에 주나라의 무왕武王도 이 숙신활과 화살을 구하여 부인에게까지 선물로 주었다고 합니다. 이 기록을 참작하여 보면 '동이'란 동쪽에 사는 큰 활을 잘 다루는 민족이라고 해석할 수 있습니다. 그러므로 '동이'란 호칭은 유순함과 겸양뿐만 아니라 기상과 기개의 의미까지도 아우르고 있는 것입니다.

이렇게 보면 우리는 힘과 기상도 지니고 있는 민족이었습니다. 이 기상을 북방에 떨친 고구려의 시조 주몽朱蒙은 '활을 잘

1600년 동안 이 땅을 지켜온 광개토대왕비
6.39m

쏘는 사람'이란 뜻을 이미 그 이름에 지니고 있습니다. 이렇게 용맹한 시조의 전통을 이어받아, 광개토대왕은 거란족과 싸워 사방에 그 세력을 뻗쳤으며, 장수왕도 뒤를 이어 대제국을 만들어 내었습니다. 을지문덕 장군은 지략과 기개로 수나라의 100만 대군을 살수에서 물리쳤는데, 대국 수나라는 거듭되는 고구려 원정의 실패로 멸망하게 됩니다.

수나라의 뒤를 이은 당나라의 태종 역시 고구려를 정벌하려고 침략해 왔지만, 양만춘이 지키는 안시성을 빼앗지 못하고 퇴각할 수밖에 없었습니다. 지금 중국이 동북공정 사업을 통하여 우리 역사를 제멋대로 왜곡하면서, 특히 고구려가 자기 나라에 포함되어 있었다고 우기는 것은, 바로 고구려와의 싸움에서 형편없이 패배하고 그 여파로 나라가 흔들거리다 망해 버린 수나라의 자존심을 회복하려는 마음 때

후연을 공격하는 광개토대왕의 전쟁 기록화

문인지도 모릅니다.

이처럼 용맹한 기상을 지녔던 우리 민족은 지금의 중국 땅에
까지 세력을 크게 떨쳤습니다. 우리 민족이 한반도 안에만 머
물러 있었던 것이 아니라 훨씬 더 큰 영토를 지녔던 적이 있음
을 우리는 중국의 옛 역사 기록에서 볼 수 있습니다. 기원전 22
세기에 '동이' 사람인 백익伯益이 지은 『산해경 山海經』을 보면 고
조선의 국경선이 동해와 북해라고 하였는데, 이 북해는 현재

러시아 블라디보스톡 앞바다입니다. 그리고 다른 기록들도 참조하여 보면, 고조선의 영토는 동쪽으로는 동해까지, 북쪽으로는 흑룡강까지, 서남쪽으로는 북경까지였던 것을 알 수 있습니다.

또한 고구려와 백제가 중국을 차지하고 통치한 일에 관한 내용도 기록에서 확인할 수 있습니다. 중국의 진晉나라 때에 이미 고구려가 요동을 차지하고 백제는 요서와 진평을 차지했다고 합니다. 당나라 때의 역사서를 보면 백제가 진晉·송宋·제齊·양梁나라 때에 중국 양자강 왼쪽을 차지하였다가, 후위後魏 때엔 중국 전체를 차지하였다고 기록되어 있습니다. 신라 또한 문무왕 때에 고구려 땅인 요동 전체와 백제땅인 요서지역을 통합하고 그 지역을 9주로 나누었는데, 이 영역은 바로 길림성에서 북경까지였던 것으로 중국 역사서에 기록되어 있습니다.

이처럼 대륙으로 뻗어나가던 힘과 기상과 기개는 신라라고 해서 예외는 아니었던 것입니다. 특히 신라가 갈라진 민족을 하나로 통일하는 데 크게 기여한 화랑도는 원래 인재를 선발하여 기르는 교육제도에서 시작되었습니다. 화랑들은 협동생활을 하면서 문무의 양 방면을 모두 도야하고 기개를 함양했는데, 이는 수많은 전쟁을 승리로 이끈 밑거름이 되었습니다.

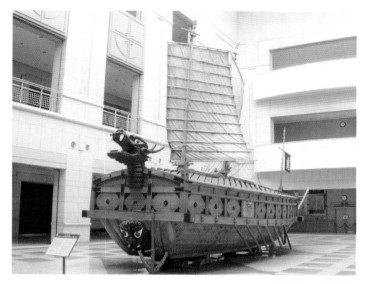

거북선 모형(전쟁기념관)

교양 교육과 예절 교육, 예술과 무예에 이르기까지 모든 방면
에서 완벽함을 갖추고 단련한 신라 젊은이들의 뜨거운 애국혼
은 삼국을 통일하는 불꽃 같은 정열이 되었습니다.

단재 신채호 선생은 을지문덕, 최영, 이순신을 한국역사의
민족주의적 세 영웅으로 꼽았습니다. 이들의 공통점은 애국적
인 장군들로서 국가를 지킨 군사적 영웅이었다는 것입니다. 을
지문덕 장군은 수나라 대군을 힘과 기지로 물리쳤고, 청렴결백

한 삶을 산 것으로도 유명한 최영 장군은 왜구와 홍건적을 토벌하는 데 큰 공을 세웠으며, 성웅 이순신장군은 거북선을 친히 만들어 임진왜란을 승리로 이끈 위대한 분입니다.

이렇게 무武를 숭상하는 전통이 있었다고 하여 우리 조상들이 살벌한 전쟁을 일으키는 호전적 기질로 치우쳤던 것은 아닙니다. 왜냐하면 그들은 문文과 무武를 겸비하고 있었고, 자신들의 힘과 용맹을 명분과 의리에 맞게 사용할 줄 아는 지혜를 지니고 있었기 때문입니다. 그리고 무엇보다도 우리 민족은 평화를 사랑하고 겸양을 귀하게 여기는 성품을 지녔기 때문입니다.

3

군자와 선비정신

하느님의 자손인 우리 민족은 이웃 중국으로부터 군자가 사는 나라라는 칭송을 받으며 살았습니다. 중국의 옛 기록인 『산해경 山海經』에는 '군자국 君子國' 사람들의 모습을 묘사한 대목이 있는데, 옷을 단정히 입고 칼을 찼으며, 동물을 기르고 호랑이를 곁에 부리며, 양보를 잘 하고 싸우지 않았다고 전합니다. 이 말을 조금 더 음미해 보면 그들의 눈에 비친 우리 조상은 용맹하고 호연한 기상을 지녔을 뿐 아니라, 다른 사람을 배려하고 화합할 수 있는 온순함과 덕성

호랑이와 함께 있는 산신령

도 구비한 모습이었음을 알 수 있습니다. 문무 文武 를 겸비하고 지혜와 덕성을 갖추어 인격이 균형 잡힌 사람들이었다고 할까요?

이처럼 중국인들로부터 '군자국 君子國', '청구국 靑丘國'이란 칭호를 받은 우리 조상들의 도덕적 수준 또한 매우 높았습니다. 기록에 따르면 서로 남의 물건을 훔치지 않았으며, 도둑이 없으므로 문호를 닫고 살 필요가 없다고 했습니다. 그리고 부인들도 정조와 신의의 부덕 婦德 을 쌓았다고 합니다. 그래서 그들은 우리나라를 '군자가 끊어지지 않는 나라'라고까지 표현했습니다.

유교의 창시자 공자 孔子 의 언행을 기록한 『논어 論語』에 보면 공자도 당시 중국의 도덕적 타락상을 부끄럽게 여겨, 조국인 노魯나라를 떠나 바다에 뗏목이라도 띄우고 동이족인 우리 민족이 사는 땅으로 와서 살고자하는 내용이 나옵니다. 이 기록을 음미하여 보면 당시 중국인인 한족은 도덕적으로 문란한 생활을 하고 있었음에 비하여, 우리 동이족은 군자라고 불릴 정도로 단정한 생활을 영위하고 있었음을 알 수 있습니다.

문화적 자만심이 강한 중국인들로부터 이런 칭송을 받았다

대나무는 선비의 꺾이지 않는 기개를 상징한다.

는 것은 당시 우리 조상들이 얼마나 멋진 사람들이었나를 알 수 있게 합니다. 삼국시대에 당나라 임금인 현종이 신라에 사신을 보낼 때에도, 신라를 군자의 나라라고 일컬으니 신중히 대하여야 한다고 당부한 일이 있다고 하고, 신라 성덕왕에게 보낸 국서에서도 신라의 문장과 예의법도[禮]와 음악[樂]이 군자다운 풍모를 지니고 있다고 극찬했다고 합니다.

  이러한 군자국의 모습에서 우리는 사람다운 사람의 모범을 볼 수 있습니다. 유교의 해석을 빌리면 '군자[君子]'란 자신의 사사로운 이익을 멀리하고 모든 사람이 함께할 수 있는 의로움을 추구하는 사람을 말하는데, 우리 민족은 유교가 전래되기 이전에 이미 '어진[仁]' 군자의 풍모를 갖추고 있었던 것입니다. 그래서 중국으로부터 공자의 유학사상이 전해 왔을 때도 거부

정몽주의 선비정신을 일깨워주는 선죽교(개성 소재)

감 없이 우리 것으로 받아들일 수 있었던 것입니다.

　이러한 군자다운 멋진 면모는 유학을 나라의 통치 이념으로 채택한 조선시대에 와서 더욱 뚜렷하게 드러납니다. 조선의 선비들은 눈앞의 이익을 버리고 의로움을 추구하는 것을 인간다운 삶이라고 생각했습니다. 그래서 유학을 통치 이념으로 삼은 조선에서는, 나라를 세울 때 태조 이성계에게 적극적으로 협조한 정도전 같은 이보다, 고려 왕조에 의리를 지키다 처참하지만 떳떳하게 죽음을 맞이한 정몽주 같은 분을 조선 유학의 정통으로 삼았습니다. 건국과정에서는 정도전이 큰 공을 세웠지만 조선의 선비들은 현실적으로 크게 기여한 개국공신보다 의리와 충절을 끝까지 지켜 낸 고려의 충신을 더 높이 산 것입니다.

김정희의 세한도
추위에도 굴하지 않는 선비의 기개가 느껴진다.

이러한 생각은 조선의 유학에 의리 중심의 학문, 즉 도학道學이라는 특성을 부여했고, 조선 지식인들의 선비정신의 뿌리가 되어, 의리를 위해서라면 단호하게 이익을 뿌리칠 수 있는 고상한 인격의 소유자들을 길러내었습니다. 우리 전통사회에서의 선비는 학식과 인격을 겸비한 지식인이었습니다.

선비를 생각할 때 우리는 꼿꼿한 지조와 목에 칼이 들어와도 두려워하지 않는 강인한 기개, 옳은 일을 위해서는 죽음도 불사하는 정신력, 항상 깨어 있는 깨끗한 마음가짐을 떠올립니다. 실제로 이 선비들은 자신들의 지침서로서 수신修身을 중요시하는 『소학小學』을 가까이했고, 가장 친근한 사이[양친兩親]인 부모님께 도리를 다하는 것으로부터 시작하여 이웃과 공동체,

국가를 바로잡는 것을 자신의 큰 임무로 여겼습니다.

유교의 가르침대로 나라를 다스린 조선시대도 후기 이후 조정에 외척이나 권세가의 부정이 있어 나라에 어려움이 생기는 일이 많았습니다. 이때도 선비들은 단호하게 상소문을 올려 이들의 부정과 비리를 고발하고 비판하였습니다. 선비 조헌은 상소를 올릴 때 도끼를 가지고 있었다고 합니다. 말을 들어 주지 않으려면 도끼로 목을 치라는 의미가 들어 있다는 이런 형식의 상소를 '지부상소持斧上疏'라고 하는데 이는 바른 일을 위해서는 죽음도 마다하지 않는 선비정신을 보여 주는 것이라고 하겠습니다.

이처럼 강인한 기개를 보여 준 선비들이 삶에서 가장 중요시했던 것은 바로 배운 것과 행동을 일치시키는 일이었습니다. 그래서 입으로는 아무리 좋은 말을 해도 그것을 실천하지 못하면 동료들로부터 손가락질을 받아 비판의 대상이 되어 버렸습니다. 따라서 조선의 선비들은 '말을 먹는다食言식언'는 말을 듣는 것이 가장 심한 모욕이라고 생각했습니다. 이는 남을 속일 뿐 아니라 자기자신까지 기만하는 가장 나쁜 행위라고 여겼기 때문입니다.

이렇게 배움과 행실이 일치하는 삶을 살다 보면 부정不正한 일에서는 자연히 멀어지게 되어, 청빈하고 검소하고 절약하는 생활이 몸에 배게 됩니다. 이러한 청빈과 검약정신은 군자다운 선비들의 배출을 더욱 촉진하였습니다. 조선시대에는 이렇게 청렴하게 살아간 선비들에게 국가에서 '청백리淸白吏'라는 호칭을 주어 표창하였는데, 총 217분이 '청백리'로 선발되어 우리나라 선비정신을 빛내었습니다.

우리나라 전역에서 배출된 존경할 만한 선비들은 바로 이 정신으로 백성들의 고통을 함께 아파했으며 국가의 운명을 진심으로 걱정했습니다. 그리하여 백성에게는 진정한 벗이 되어 주고 국가에는 든든한 초석이 되어, 때와 경우에 따라 우리 겨레얼의 등불이 되는 사명을 감당했습니다.

임진왜란과 정묘호란, 병자호란 때에 전국 각지에서 일어난 의병들을 정신적으로 지탱하고 격려한 것도 바로 이 우국憂國의 선비정신이었습니다. 나아가 한말에 나라를 잃을 위기가 닥쳤을 때도 두 차례에 걸친 의병전쟁이 일어나 전국으로 확산되고 나아가 독립전쟁으로 발전하였습니다. 이처럼 민족혼을 불태울 수 있었던 원동력 역시 선비정신이라 볼 수 있을 것입니다.

격고팔도열읍
의병항쟁을 독려하는 유인석의 격문

　물론 긴 역사 속에는 눈앞의 이익 때문에 나라와 민족 앞에 큰 죄를 저지른 소인배들도 있었지만, 이처럼 청렴하고 강직한 선비들의 의리와 충절이 있었기에 국가의 기강은 언제나 바르게 지켜 올 수 있었습니다. 그리고 본래 우리 조상들에게 군자의 자질이 있었기에 선비정신을 바탕으로 한 한국유학의 우아하고 강인한 기풍도 다질 수 있었던 것입니다.

4

융화와 상생정신

군자는 한 가지에 치우치거나
어떤 범주에 국한되지 않습니다. 인류 역사에서 종교의 창시자
들을 위대하다고 존경하는 이유는, 그분들을 어느 한 가지 색
깔이나 모양으로 제한할 수 없다는 데 그 이유가 있습니다. 기
독교에 이단 종파가 수없이 많고 또 여러 종파끼리 정통성을
놓고 다투는 것은, 예수의 말씀이 지닌 개방성과 포용력 때문
에 그 진리를 다양하게 해석할 여지가 있기 때문일 것입니다.
생명과학과 정보화 시대에도 공자의 사상을 서양인이 주목하

성균관에서 유교의 주요 의례인 석전대제를 지내는 장면

는 것은, 그 사상 속에 시대와 공간을 넘나들 수 있는 포용성과
응용력이 있다는 점을 반증하는 것입니다. 불교가 지닌 생명력
의 근원도 불법이 어느 상황에든 적용할 수 있는 진리라는 데
있을 것입니다.

　군자의 나라인 한국은 유난히도 종교적 가르침이 풍성하게
열매맺는 토양입니다. 인도의 것이든 중국의 것이든 중동의 것
이든 간에, 우리 땅에만 오면 뿌리 잘 내리고 가지 잘 뻗고 잎
이 무성하게 자라 열매를 맺습니다. 우리 문화의 정신적 토양
이 과연 어떤 것이기에 아무리 이질적인 종교라 해도 씨앗만

불교의 순교자인 이차돈 순교비

떨어지면 싹을 틔우는 것일까요? 앞서 말했듯이 우리 민족이 모든 생명을 살리기 좋아하는 땅 같은 마음을 지녀서 그런지도 모르겠습니다. 아니면 하느님의 마음을 닮아 덮어 주고 키워 주어 그런 것일지도 모르지요.

한국문화와 사상의 특징이 다양한 종교와 사상을 다 받아들여 우리 것처럼 소화해 내는 데 있다는 것은 이미 말씀드린 바 있지만, 이 대목을 제대로 이해하자면 좀 주의해야 할 점이 있습니다. 그것은 한국의 문화가 아주 무덤덤해서 이런 저런 사상을 다 흡수할 수 있다는 뜻은 아니라는 사실입니다. 빨간색과 파란색, 노란색 등등 모든 색상을 다 혼합하면 검은색이 되고, 붉은빛과 푸른빛, 노란빛을 다 섞으면 흰빛이 됩니다.

그런데 한국문화는 모든 종교와 사상이 뒤섞인 검은색과 같은 것이 아니라, 이미 다양한 종교와 사상의 빛을 이미 그 속에 포함하고 있는 흰빛과도 같다고 볼 수 있습니다. 그래서 빛이

스펙트럼을 통과하면 일곱 빛깔의 빛으로 나뉘어 보이듯이, 포용성이 큰 한국의 사상은 시대와 상황에 따라 유교, 불교, 도교, 기독교 등 다양한 종교 문화의 빛깔로 나타나 보이는 것입니다.

『삼국사기』에 전하는 풍류도 기록

다시 말하면 우리 문화는 유교, 불교, 도교, 기독교 등이 다 섞여서 이루어진 잡종 문화가 아니라, 오히려 광명한 흰빛과도 같은 속성이 있기에 서로 다른 빛깔을 지닌 어떤 문화와 종교와 사상이 들어와도 그것들을 모두 흰빛으로 소화해내는 생명력을 본래부터 지니고 있었다는 것입니다. 그래서 이 생명력을 신라시대의 학자 최치원은 '현묘玄妙한 도道'라고 하였습니다.

이 '현묘한 도'는 다른 말로 하면 '풍류風流'라고도 하는데, 이는 본래부터 우리 민족이 지니고 있었던 고유한 상생의 힘이며, 유교, 도교, 불교의 진리를 이미 그 안에 품고 있어서 만물이 지닌 본래의 생명력을 키워 준다고 하였습니다. 이것을 우리는 융화와 상생, 포용의 얼이라고 할 수 있습니다. 이러한 광명의 정신, 빛의 얼이 있었기에 우리 한국인은 깊고도 넓은 정신문화를 간직할 수 있었습니다.

또한 진감선사비眞鑑禪師碑에서 최치원은, 진리道란 사람으로부터 동떨어진 것이 아니어서 진리의 입장에서는 인종이나 국가에 따른 차등과 경계를 둘 수 없다고 하였습니다. 이러한 근거로 우리 민족도 특정한 종교나 사상에 얽매일 필요가 없고, 어떠한 종교이고 어떠한 사상이든지 그것이 진리이기만 하면 모두 받아들일 수 있다고 한 것입니다.

따라서 비록 다른 나라에서 발생하고 전파된 불교나 유교라 할지라도 그 안에 보편적인 진리를 품고 있으므로 우리 민족이 이를 신앙하는 것은 당연하다고 보았습니다. 우리는 여기서 우리 조상들이 완고하고 폐쇄적인 아집에 사로잡히지 않았음을 알 수 있습니다. 아니, 오히려 나아가 어느 민족이 어느 나라에서 창안한 것이든지 간에 그 종교와 사상이 진리이기만 하면 능동적으로 받아들여 우리 것으로 삼았던 개방적인 상생과 조화, 그리고 창조의 정신을 지녔음을 알 수 있는 것입니다.

이처럼 진취적인 상생 정신에 힘입어 조선시대 말의 우리 지

천주교 순교자들을 기념하는 절두산 성지

식인들은 많은 고난을 겪으면서도 서양의 종교[천주교]를 수용하는 개방성을 보여주었습니다. 이후 민족적 위기상황을 맞았을 때는 유교, 불교, 도교, 기독교 등 한반도에 자리하고 있던 모든 종교와 사상이 한 부분씩을 맡아, 현묘한 진리로 엮어 낸 민족 종교의 정신이 발아하게 됩니다. 우리 겨레얼이 지닌 상생정신과 창조적인 포용성이 이 과정에서 더욱 빛을 발한 것은 더 말할 나위도 없습니다.

이러한 융화성은 우리의 대표음식이라 할 수 있는 김치에서도 그대로 나타납니다. 김치는 배추를 비롯한 각종 야채와 젓

김치

갈, 경우에 따라서는 육수까지 넣어서 만드는 음식입니다. 여러 재료가 들어간 종합적인 음식이라는 점은 서양의 샐러드와 비슷하지만, 샐러드는 발효라는 과정이 없어 원재료의 맛을 그대로 가지고 있는 것과 달리, 숙성을 통해 잘 익은 김치는 원재료들과는 전혀 다른 독특한 맛을 냅니다.

즉 적당한 온도와 기간을 거쳐 발효, 숙성되면서 그 안에서 화학작용이 일어나 원래 배추와는 전혀 다른 배추 맛, 원래 파와는 전혀 다른 파 맛, 원래 젓갈과는 전혀 다른 젓갈 맛, 원래 육수와는 전혀 다른 국물 맛을 지니게 되는 것입니다. 그래서 본래의 맛을 유지하고 있는 서양음식인 샐러드와는 전혀 다르게, 여러 가지 재료들이 잘 어우러지고 특정 효소의 작용으로 화학적으로 변화되고 융화된 세계에서 유일한 맛의 김치로 다시 태어납니다.

이러한 김치 담기와 김치의 맛이 바로 우리 겨레얼을 가장 구체적으로 보여주는 예가 아닌가 합니다. 김치에는 우리가 필요로 하는 각종 먹거리의 재료가 다 들어 있지만 그 재료들을 단순히 모아 놓는다고 되는 것이 아니라 전혀 다른 맛과 성분이 탄생해야 비로소 김치가 되는 것입니다. 김치 담는 과정에 내포된 융화와 상생성은 재료와 종류의 다양성에서도 알 수 있습니다. 요즘에는 김치를 담을 때 각종 과일까지도 좋은 재료로 활용하고 있으니까요.

제 4 장

겨레얼, 시련과 대응

1. 시련에 처한 겨레얼
2. 고난을 헤쳐나간 겨레얼
3. 국제정세 변화와 한반도의 위기

1

시련에 처한 겨레얼

이처럼 하늘 신앙, 힘과 기상, 평화와 애양, 군자의 덕과 융화와 상생정신 등을 두루 갖추고 살아 온 우리 민족이지만, 지금 우리가 스스로 '우리 한국인의 민족혼은 무엇인가?' '우리 겨레는 자랑스러운 얼을 지녔는가?' '현대의 한국인은 주체적인 정신을 가졌는가?' 하고 자문해 보면, 자신만만하게 선뜻 대답하기가 어려워지는 것을 발견합니다. 어쩐지 자신 없고 스스로가 왜소하게 느껴지고, 지금처럼 살면 안 될 것 같은 위기감도 느낍니다.

청자 어룡형 주전자와 청화백자 매조문 항아리
선조들의 빼어난 예술적 감각을 느낄 수 있다.(삼성미술관 제공)

　특히나 한국인을 억누르고 있는 부정적인 인식들, 예를 들면 냄비근성, 기회주의자, 당쟁만 일삼은 지식인들, 노예근성, 사대주의 같은 말들이 우선 머리를 스칩니다. 그래서 한국인은 어쩔 수 없고 이제까지의 한국의 역사와 전통에는 볼 만한 것이 하나도 없어서, 모두 쓰레기통에 버려야 한다는 패배의식이 차 오를 때도 있습니다.

　하지만 이러한 패배의식과 편견들은 상당 부분 일본의 통치 하에 있을 때 처음으로 우리 의식에 새겨진 것임을 알아야 합니다. 일본은 문화적으로는 우리와 비교할 수 없을 정도의 후진국가였습니다. 그러던 일본이 한반도를 무력으로 점령하고,

내선일체를 표방하며 벌인 수작이 바로 식민지 문화정책입니다. 일본 총독부는 한국에 관한 근대적인 연구계획을 세우고 하나하나 그대로 실행해 나갔는데, 이 식민정책의 최대 목표와 의도는 바로 한국인들이 노예근성에 젖어 있다고 세뇌하여 패배의식을 심어 주자는 것이었습니다.

그러니까 식민지 문화정책의 요점은 한국이 일본의 식민지가 된 것은 하나도 이상할 것이 없는 자연스러운 일이라는 것입니다. 왜냐하면 이제까지 한국은 중국의 식민지로 살아 왔으므로 주인만 일본으로 바뀐 것일 뿐, 한국인은 원래대로 노예 상태를 유지하고 있다는 논리입니다. 그리고는 우리 전통과 문화 속에 눈꼽만큼이라도 부정적인 요소가 있으면 커다랗게 과장하여, 우리 민족으로 하여금 자신의 전통과 문화를 부끄럽게 여기도록 만들었습니다. 이런 일이 약 35여 년간 지속되다 보니, 우리도 모르는 사이에 스스로를 부끄럽게 여기는 자기비하 의식, 즉 패배주의에 젖어 들게 된 것입니다.

일본이 교묘하게 전파시킨 이 식민 바이러스는 지금까지도 일부에서 그 효력을 발휘하고 있습니다. 창씨개명 등 일제침략의 정당성을 주장하는 일부 계층의 그릇된 주장이 바로 그것입니다. 오천 년이라는 긴 역사에 견주어 보면 일본의 식민지로 지냈던 날은 짧은 시간에 지나지 않았는데도, 민족정신을 말살하려 했던 그들의 악랄한 책동 때문에 해방 후 70년이 지난 오늘까지도 우리의 잠재의식 속에는 이런 저런 부정적 생각들이 자리잡고 있습니다.

그러므로 우리는 먼저 일제가 왜곡한 우리 정신과 문화를 회복시켜 살려 내야 합니다. 물론 우리가 식민지로 전락한 것은 순전히 외세의 탓이고 우리 자신의 책임이 조금도 없다는 말은 아닙니다. 우리가 우리 정신을 바짝 차렸다면 어떤 침략자가 우리를 삼키려 하여도 먹히지 않았을 것입니다. 구한 말 민족의 스승들과 애국계몽운동 사상가들의 피 어린 절규 속에는, 우리 스스로 나라를 든든하게 세우고 지키지 못했다는 반성과 각성이 있었습니다. 우리가 이 분들의 목소리에 지금이라도 귀 기울인다면, 겨레얼이 언제 어디서 왜 위기에 처했고, 어떻게 이것을 되찾아서 살려 내야 하는지를 알게 될 것입니다.

앞에서 우리의 겨레얼은 하늘 공경 신앙에 그 뿌리를 두고 있다는 이야기를 했습니다. 여기서 하늘 공경 신앙이 단순한 경천신앙이 아니라 그 하늘 속에 담겨 있는 절대적으로 고귀한 가치에 대한 믿음이었습니다. 중국에서 발생한 유학의 천명 사상이 우리 민족에게 영향을 미치기 이전에, 우리는 이미 하

불꽃무늬금동장식
태양숭배를 의미한다.

늘의 후손인 천손이라는 자부심과 믿음을 지니고 살고 있었습
니다. 그런데 유학의 가치와 이념이 조선의 통치기준이 되면서
지식인들 사이에서 이러한 천손신앙은 점점 희박하여 지고, 오
히려 정치적 천명사상이 널리 퍼지게 되었습니다.

물론 이 천명사상에는 왕이 백성들을 자식처럼 돌본다는 긍
정적인 면도 있습니다. 하지만 하늘과 직접 교감하는 하늘 숭
배 신앙과는 달리, 이 천명사상은 하늘과 백성 사이에 군주라
는 중간적인 존재, 즉 하늘의 양자養子인 왕을 설정해 두고 있
습니다. 이렇게 본다면 절대성을 추구해 온 우리 민족의 천손
신앙은 이 상대적 관계를 기초로 한 천명사상 때문에 훼손되

도산서원

었다고 할 수 있습니다.

두 번째로 우리의 겨레얼에는 문文과 무武가 조화된 힘, 기상, 기개가 있다고 했는데, 우리가 일본의 식민지가 된 원인 중에는 이 힘과 기상을 잃어 버린 탓이 있습니다. 우리 역사를 보면 삼국시대와 고려 초까지만 해도 무를 숭상하면서 적을 공격하고 침략에 맞서 싸우는 것에 능했습니다. 그런데 고려 중기 이후에서 조선 시대로 접어들면서 나라에서 무관武官보다 문관文官을 우대했고 무예武藝보다 문예文藝를 숭상하다 보니, 고대로부터 이어져 온 문과 무를 겸비한 겨레얼은 퇴색하게 되었습니다. 그 결과 나라의 힘이 점점 약해져 결국에는 열강의 침입을 받아 일본의 식민지로 전락하게 된 것입니다.

또한 우리 민족은 평화를 사랑하고 양보와 겸손을 미덕으로 삼는 민족이었습니다. 그리고 조선이 유학을 통치이념으로 삼은 후로 다양한 학맥에 속한 학자들이 정계에 진출하게 되었는데, 후기로 가면서는 학문과 정치적 이익이 묘하게 결합되면서 붕당朋黨에 따른 정치를 하게 되었습니다. 그러면서 열린 마음으로 서로를 이해하기보다는 사리사욕으로 서로를 해치는 당쟁黨爭이 심해지고, 이는 다시 권력을 동원하여 상대편을 제거해 버리는 수 차례에 걸친 사화로까지 이어졌습니다. 이 같은 과정을 지나며 우리의 겨레얼이 지닌 평화와 겸양의 미덕은 점차 사라지고 나라의 힘도 약해진 것입니다.

세 번째로, 군자의 나라라는 기풍에서 우리의 겨레얼을 찾을 수 있다는 말을 했습니다. 이 군자의 정신은 조선시대에 들어와서는 의리라는 이념과 선비정신으로 이어져 왔습니다. 그런데 학자들 사이에서 중국 송宋나라의 주자학朱子學만을 정통 이념이라고 인정하게 되면서, 이 의리라는 이념은 주자학만 고수하게 만드는 부작용을 낳습니다.

그리하여 도교와 불교를 배척하였으며, 같은 유학이라도 주

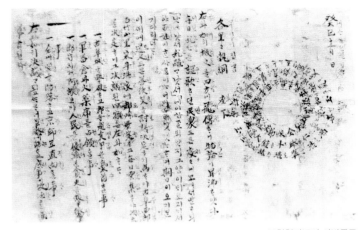

동학혁명군의 사발통문

자의 학설과 조금이라도 다르면 이단으로 몰아버렸습니다. 또한 천주교는 서학西學이라 하여 배척하였으며, 우리의 겨레얼을 바탕으로 한 민족종교도 가차 없이 탄압했습니다. 그리하여, '인간의 가치를 중시하던 군자'의 나라는 주자학이라는 한가지 사조만을 고수하는 획일화 된 나라로 변질되었습니다.

마지막으로, 한민족의 겨레얼에 생명력을 불어넣은 원천은 상생과 융화의 정신이었습니다. 그래서 우리 민족은 삼국시대를 거쳐 고려시대에 이르기까지 전래된 모든 종교와 사상을 포용하고 한국적으로 승화시킨 고고한 민족 문화를 지니고 있

서양과 싸우지 않으면
매국이라는 척화비

었습니다. 그런데 유학을 통치이념으로 삼은 조선시대부터는 유학의 종주국인 중국을 숭상하고 따르는 풍토가 심화되어, 작은 나라로서 큰 나라를 섬기는 사대(事大)주의와, 중국을 세상의 중심으로 보는 중화(中華)의식이 팽배하게 되었습니다. 그러다보니 상생과 융화의 생생한 힘은 점점 약해지고, 주체성과 자주성을 상실하게 되었습니다.

이런 때에 보국안민(輔國安民)의 기치를 내걸고 사인여천(事人如天)으로 인간 평등을 실현하자고 외친 선각자 최제우에 의해 동학(東學)이 등장하였습니다. 당시 하느님의 이름으로 세상을 혹세무민한다는 서학(西學)이 탄압받고 있는 데에 동학도 조정으로부터 탄압을 받기 시작했습니다.

평등과 자주라는 상생의 싹을 잘라버린 이 실수는 동학혁명을 불러일으켰고, 정부는 이들을 진압하는 과정에서 설상가상으로 외세를 끌어들임으로써 청일전쟁의 도화선을 만들게 됩니다.

이렇게 우리의 생생한 겨레얼이 무너져 내리면서, 결국에는 서양 세력이 동양으로 몰려오는 급변하는 시대적 상황에 주체적으로 대응하지 못하고, 서양에 대한 대항을 쇄국으로 일관하여, 우리 힘으로 근대화할 수 있는 기회를 놓치고 말았습니다. 이러한 과정을 거치면서 500년 사직을 지켜온 독립 국가 조선은 서구 제국주의가 동양으로 침투하는 서세동점의 시기에 서서히 일본의 지배하에 들어갔습니다.

2

고난을 헤쳐나간 겨레얼

반만년 동안 수 많은 전쟁의 참화가
우리를 휩쓸고 지나갔습니다. 하지만 그 전쟁의 틈바구니 속에
서도 잡초와도 같은 끈질기고 모진 생명력으로 우리는 살아왔
습니다. 반도라는 지리적 환경과 강국들에 둘러싸인 국제적 여
건 때문에 옛날이나 지금이나 전쟁에 휘말리지 않을까 불안해
하며 산 것이 우리였지만, 민족의 얼은 우리의 역사를 지켜냈
습니다. 고조선부터 시작하여 한사군의 통치, 삼국시대 당나라
와의 줄다리기, 고려시대 몽고와의 40년간의 항쟁, 조선시대의

제주도 항파두리성 대몽항전 그림

임진왜란과 병자호란, 그리고 해방 이후 동족 간의 전쟁에 이
르기까지, 호전적인 강국들의 야심 때문에 험난한 역사를 겪어
야 했지만, 그래도 민족혼을 잃지 않고 살아온 우리 민족은 위
기가 닥칠 때마다 불멸의 민족혼을 꽃피워 왔습니다.

고구려는 힘과 기상의 겨레얼로써 한나라가 설치한 낙랑군

해인사 장경판고에 보관되어 있는 대장경판의 모습

을 313년에 몰아내었고, 광개토대왕과 장수왕은 한반도를 넘어 만주와 요동에까지 그 세력을 떨쳤습니다. 612년에는 을지문덕 장군이 수나라 대군을 살수에서 물리쳤는데, 살아 돌아간 수나라 군사는 겨우 2,700명이었습니다. 645년에는 당나라 태종의 공격을 받았지만 이것도 거뜬히 물리쳤습니다. 신라 또한 삼국을 통일한 후 670년부터 7년간 당나라와 치열한 전투를

벌여 한반도를 지배하려는 그들을 완전히 몰아내는 데 성공했습니다.

이러한 민족혼의 힘과 기상과 기개는 이후 고려와 조선에까지도 이어져 우리 민족의 자립을 확고히 하고 다른 나라로부터 무시당하지 않도록 지탱하는 힘이 되어 왔습니다. 고려는 1010년과 1018년에 각각 거란군을 크게 격퇴했으며, 1231년부터 40년 동안은 몽고의 원나라에 대항해 싸웠습니다. 이 때 고려는 조정을 강화로 옮기고 팔만대장경을 조판하면서 피 어린 항전을 계속하였지만 1259년에 이르러 굴욕적인 강화조약을 체결하고야 말았습니다. 하지만 삼별초군은 강화를 반대하고 1273년까지 의연히 저항하는 민족혼을 보여 주었습니다.

조선시대에는 1592년 왜군의 대침략을 받아 7년에 걸쳐 격렬하게 싸우는 동안 곽재우, 정인홍, 고경명, 김면, 조헌, 서산대사, 유정대사, 처영대사, 영규대사를 비롯한 의병과 승병들이 전국 각지에서 다투어 일어났으며 이들은 목숨 바쳐 나라를 지키는 기개와 기상을 보여 주었습니다. 특히 성웅 이순신 장군은 늦은 나이에 관직에 오른 후 세 번의 파직과 두 번의 백의종군白衣從軍이라는 치욕을 겪으면서도, 끝까지 민족에 대한 사랑과 헌신의 정신으로 지략과 지도력을 발휘하여 왜군을 격

민족의 자주독립을 기원하는 마음이 깃든 독립문

퇴했습니다. 개항기에 들어서는 서양 군함들이 여러 차례 국토를 침탈해 왔고, 결국 일본의 강점으로 국권을 잃게 되었으나, 끊임 없었던 의병항전과 독립군의 기상과 기개는 결국 국권을 회복하는 밑거름이 되었습니다.

화려한 문화와 강한 힘으로 항상 우리를 압박해 오던 대륙과, 뭍으로 진입하고 싶어 호시탐탐 우리를 노리던 야만 섬나라 사이에서, 반도라는 특수한 위치에 자리잡았기에 결코 바람 잘 날 없었던 것이 우리의 역사였습니다. 그래도 그 반만년의 역사 동안 우리는 우리의 정신과 얼을 잃어 버리지 않고 면면히 지켜 왔습니다.

일제가 우리를 침략하던 당시에 많은 민족의 선각자들은 우리의 겨레얼을 찾고자 노력했습니다. 백암 박은식 선생은 이 겨레얼을 '역사의 신'이라고 했고 예관 신규식 선생은 '한국의 혼'이라고 했으며, 호암 문일평 선생은 '조선심'이라고 했고 위당 정인보 선생은 '조선의 얼'이라고 하여, 우리 민족을 깨우치고 겨레얼을 지켜 나가고자 애썼습니다.

또한 구한말 위정척사파에서는 많은 의병들을 배출하였습니다. 이 의병들의 민족혼은 바로 힘과 기상과 군자의 나라인 한민족의 선비정신으로부터 비롯된 것입니다. 또 서구의 민주와 평등사상을 흡수한 개화파 지식인들은 독립협회를 결성하고 독립신문을 발간하는 등 활발한 애국계몽운동을 추진하였습니다. 뿐만 아니라 민족의 얼을 계승한 민족종교들은, 평화와 상생이라는 민족의 정신에 평등과 개화의 정신을 더하여 이로써 민중을 깨우치고자 했습니다. 이러한 민족혼의 저변에는 수많은 고난 속에서도 불굴의 기개로 이를 이겨낸 한민족의 저력이 숨어 있음을 알 수 있습니다.

광화문 비각 앞에서의 만세시위(독립기념관)

위기 때마다 포기하지 않고 나라의 운명을 지키리라는 마음으로 자신을 불살라 왔던 조상들의 의지와 혼은 우리 땅 곳곳에 배어 있습니다. 쉬지 않고 불어오는 폭풍과 그 바람을 맨몸으로 이겨 내었던 조상들의 뜨거운 겨레 사랑이 우리 산야 구석구석에 스며 있습니다. 좋은 세상을 만들기 위해 목숨 하나쯤은 아무렇지도 않게 내다버릴 수 있었던 칼날 같은 지조가 우리 역사에 배어 있습니다.

우리가 가진 모든 것, 우리의 재산과 말과 정신까지 송두리째 빼앗아 한반도를 집어삼키려던 일본의 간악한 핍박 속에서도, 우리의 겨레얼은 피의 항쟁을 통해 꽃피어 났습니다. 1919년 나라 밖의 동포에까지 확산되었던 3·1만세운동에서도 우리의 겨레얼을 확인할 수 있습니다. 전국 곳곳에서 셀 수 없는 희생자들을 내며 타오른 이 독립운동의 불꽃은 자신의 몸을 던진 수 많은 의사와 열사들의 고귀한 희생에 힘입어 한반도와 만주, 일본에까지 번져 나아갔습니다.

1909년 10월 26일, 안중근 의사는 하얼빈에서 대한의 독립 주권을 침탈한 원흉인 히로부미를 저격하여 3발을 명중시켰습니다. 안중근 의사는 다음 해 2월 14일에 열린 재판에서 사형 선고를 받은 후 두 동생에게, "대한독립의 소리가 전국에 들려

여순형무소의 형틀(독립기념관 제공)

오면 나는 무덤에서 춤을 추며 만세를 부를 것이다"라고 유언
하여 생사를 초월한 애국혼을 보여 주었습니다.

또한 1931년 1월 8일에는 이봉창 의사가 동경에서 관병식을
끝내고 돌아가는 일본 천황 히로히토를 향하여 수류탄을 던졌
습니다. 그러나 천황을 명중시키지 못하고 체포되어, 이봉창
의사는 그해 10월 비공개재판에서 사형을 선고받고 순국했습
니다. 이러한 이봉창 의사의 거사가 알려지자 중국의 각 신문
들은 이 사실을 대서특필하였습니다. 특히 중국 국민당 기관지

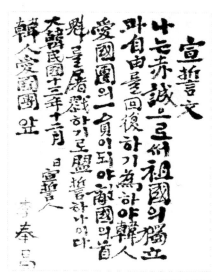

이봉창 선서문

인 『국민일보』는, '한국인 이봉창이 일황을 저격하였으나 불행하게도 명중시키지 못하였다'고 보도하여 중국인들의 간절한 희망을 밝혔습니다.

　그리고 다음 해인 1932년 4월 29일 윤봉길 의사는 홍구(훙커우) 공원 전승축하 기념식장에 수류탄을 투척하여 일본군의 주요 인사들을 제거하였습니다. 윤봉길 의사도 그해 12월 총살형으로 순국했습니다. 한편 우리 독립군도 만주 땅에서 홍범도, 김좌진, 이범석 장군을 중심으로 피의 항쟁을 펼쳐, 우리 민

청산리 전투의 승리를 기리는 유적비
중국 화룡현

족혼을 불꽃으로 피워 냈습니다. 이처럼 일본 제국주의 세력의
침노 앞에서 민족의 정신을 일깨운 선각자들을 중심으로 우리
는 뭉쳤고, 마음과 몸을 일깨워 겨레얼을 지켜왔습니다.

이처럼 시련과 고난이 끝없이 이어지는 속에서 우리는 어떻게 살아 난 것일까요? 특히 항상 우리를 압도하던 대륙의 큰 힘에 동화되지 않은 채, 우리 말, 우리 글, 우리 문화를 발전시켜 온 저력은 어디에서 나온 것일까요? 중국을 사대事大의 예의로 존중하면서도 우리의 주체성을 잃어 버리지 않은 힘은 무엇일까요? 일본 제국주의에 시달린 짧지 않은 세월 속에서도 지켜 온 민족혼의 정체는 무엇일까요? 비폭력 무저항의 독립만세 함성! 배운 자와 못 배운 자, 가진 자와 못 가진 자, 여자와 남자, 어린이와 노인을 막론하고 한마음이 되어 외쳤던 그 만세의 의미는 무엇일까요?

앞길이 창창한 새파란 나이에 주권국가의 국민임을 보이겠다는 일념으로 원수들의 진영에 단신으로 뛰어들어 폭탄을 날렸던 의사들의 순국! 그리고 만주로 무대를 넓혀 가족들까지 희생해 가며 독립운동에 몸바친 독립군의 뜨거운 헌신! 수많은 애국지사들의 순국과 희생으로 지켜 온 이 나라는 앞으로도 소중히 가꾸어야 할 우리의 조국입니다. 때문에 현재의 위기는 우리에게 또 하나의 도약의 발판이 될 수도 있습니다. 만약 우리가 제 정신만 찾는다면.

지금까지 지나 온 우리 역사를 보면 이처럼 수많은 고난 속에서도 끈질기게 힘을 모아 다시금 일어선 흔적을 얼마든지 찾아볼 수 있습니다. 이렇게 우리 조상들이 지키고 가꾸어 온 우리민족의 미래는 그렇다면 어떤 모습으로 펼쳐질까요?

3

국제정세 변화와 한반도의 위기

지금 세계는 하나의 지구촌으로 서로 가까워지고 있으며, 정보기술의 발달과 생명공학의 발전으로 과학이 세상을 지배하는 시기에 접어들었습니다. 그러나 모든 것이 빨라지고 편리해지는 이 시대에 살면서, 사람들은 오히려 더 공허해지고 자신의 삶의 의미를 찾지 못하고 있습니다. 국제적으로는 세계 곳곳에서 종교와 이념의 갈등에 따른 테러와 전쟁이 끊임없이 이어지고 있습니다.

이러한 흐름 속에서 2002년의 한반도는 참으로 위태로웠습니다. 20세기 후반기부터 지구촌 정세의 지각이 대변동을 하면서 국내에서 많은 사건이 일어났기 때문입니다. 여기서 20세기 국제정세의 흐름을 간단히 살펴보겠습니다. 마르크스가 서구 산업화 과정에서 발생한 노동자들의 인간소외 문제를 제기하면서 공산혁명을 주장한 이후, 1917년 레닌이 러시아에서 볼세비키 혁명을 통하여 공산 정권을 수립하였습니다. 이후 중국과 유럽의 많은 나라에서 공산혁명이 성공하여, 세계는 공산주의와 민주주의라는 두 개의 진영으로 갈라져 있었습니다. 이때부터 동서로 나뉜 두 세계는 냉전이라는 형태의 반목과 갈등을 피할 수 없었습니다. 6·25전쟁도 어찌 보면 이 냉전구조가 빚어낸 비극적인 사태였다고 할 수 있습니다.

1950년대 냉전기를 거쳐 60, 70년대에는 미국과 소련 간에 평화가 감돌더니, 70, 80년대에는 화해시대로 접어들게 되었습니다. 1989년 미국의 부시 대통령과 소련의 고르바초프 대통령이 몰타에서 정상회담을 개최한 이후 양국은 탈이념 체제로 들어서는 새시대를 선언했습니다. 같은 해 독일의 베를린 장벽이 붕괴되었으며 다음 해인 1990년에는 우리처럼 분단국 처지였던 독일이 통일되었습니다.

이에 따라 동서 냉전체제는 종식되었고 미국과 소련이라는 두 강대국이 주도하던 세계 질서는 새롭게 편성되었습니다. 이 새질서는 세계 일등 강대국인 미국과 서로 연합하여 힘이 강해진 유럽, 그리고 그 뒤를 좇는 일본이라는 삼각구도를 중심으로 한 서구화, 미국화, 세계화를 의미합니다.

이제 세계의 중심축은 미국으로 옮겨졌고 미국은 스스로를 지구의 경찰국가로 생각하게 되었습니다. 이렇게 21세기에 들어서며 신자유주의 경제를 앞세운 세계화가 한창 진행되고 있을 무렵인 2001년 9월 11일에 전 세계를 놀라게 한 사건이 일어났습니다. 이슬람 무장 단체가 주도하여 세계 초강대국인 미국의 심장부를 테러로 강타한 이른바 9·11사태입니다.

여러 나라에서 온 수많은 인명이 희생된 이 사건을 두고 새뮤얼 헌팅턴S.P. Huntington의 예언대로 '문명의 충돌'이 일어난 것으로 보기도 하고, 미국이 주도하는 세계화인 '미국화'에 대한 반발로 보거나, 또는 이슬람이 주도하는 세 번째 세계화의 시

2001년 이슬람 무장단체가 미국을 공격한 9·11테러

작으로 보는 견해도 있습니다. 어찌 되었든 이 엄청난 사건은 미국과 유럽을 비롯한 전 세계에 엄청난 충격을 불러일으켰습니다. 또한 이 사건을 발단으로 세계는 '얼굴 없는 적'인 테러 집단과의 전선 없는 전쟁을 치러내야만 하게 되었습니다.

다음 해인 2002년 10월 12일에는 인도네시아의 휴양지 발리 섬의 나이트클럽에서 대규모 차량 폭탄 테러가 발생했고, 그 1주일 전에는 예멘에서 프랑스 유조선에 대한 폭탄 테러가, 11월 23일에는 아프리카 케냐의 몸바사에 있는 이스라엘인 소유 호텔에서 차량 폭탄 테러가 발생했습니다. 세계 각지에서 미국인 등 서방인들을 겨냥한 크고 작은 테러가 잇달아 발생하자, 미국은 테러를 실행하거나 지원하는 단체나 국가를 '악의 축'으로 지정함으로써 이들과 대결하는 새로운 국면으로 접어들게 되었습니다.

결국 미국은 2002년에 이라크의 사담 후세인 정권을 다른 정권으로 바꾸기 위한 준비를 사실상 마무리 지어, 이라크 주변에 대규모 병력을 배치하고 군사훈련을 실시하였습니다. 이처럼 9·11테러 이후 강화된 미국의 일방주의적 외교 노선과 선제공격론은 전 세계에 반전反戰분위기와 반미 감정을 고양시켰습니다.

또한 한반도에 주목해서 보면, 1993년에 불거진 북한의 핵무기 개발 문제가 1994년 미·북간 제네바 합의 이후 잠잠해졌다가 다시 고조된 것도 2002년입니다. 미국특사인 제임스 켈리James Kelly가 방북하여 북한의 고농축 우라늄 핵개발 문제를 제기한 이후, 미국은 국제사회와 함께 북한에 핵 프로그램 폐기를 촉구하였습니다. 그러나 북한은 계속 핵시설을 재가동할 태세인 채로 미·북 간의 합의점을 찾지 못하고 있었습니다. 따라서 미국은 북한 또한 무기를 수출하여 테러를 지원하는 국가로 지목하였고, 마침내 북한을 '악의 축'의 대열에 넣어 응징하겠다고 선포함으로써, 한반도 전역이 전쟁의 위협에 직면하게 된 것이 바로 2002년입니다.

미국이 북한을 공격한다는 것은 한반도 전체가 전쟁의 화염에 휩싸이는 것을 뜻하며, 그 동안 우리가 이룩해 놓은 '한강의 기적', 근대화와 산업화의 결실이 한순간에 잿더미가 되는 것을 의미합니다. 강대국의 이해관계 때문에 점화된 불똥이 한반도로 튀어 전쟁이 일어난다면, 약소국가인 우리는 앉아서 당할 수밖에 도리가 없는 것입니다. 한민족에 이렇게 또 한 번 총체적인 위기가 닥쳐 온 것이, 바로 겨레얼 살리기 운동이 시작된 2003년을 한 해 앞둔 2002년이었습니다.

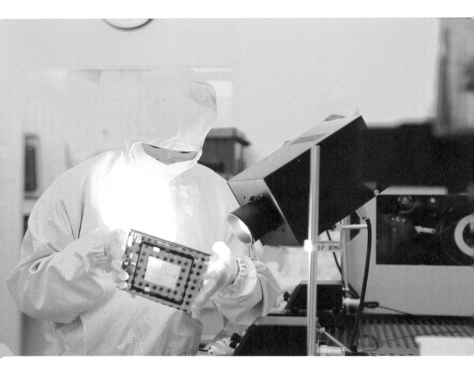

세계 선두를 달리는 반도체 산업(삼성전자 제공)

1997년 갑작스럽게 닥쳤던 IMF 구제금융의 위기를 겪은 지 5년 만에 우리 민족은 이처럼 다시 전쟁의 위기 앞에 놓이게 된 것입니다. 경제적으로 힘들면 덜 먹고 덜 쓰면 됩니다. 비록 IMF 구제금융의 후유증이 남아 있기는 했지만 그럭저럭 경제 위기는 헤쳐 나가고 있는 중이었습니다. 하지만 전쟁이 일어나면 먹고 쓰는 것이 문제가 아니라 생존이 위태로워집니다. 목숨을 잃으면 더 이상 무엇이든 선택할 수 있는 여지조차 없어집니다. 전쟁은 국가와 사회의 모든 체제를 흔들어 버립니다. 전쟁이 쓸고 지나간 후의 상처와 재난은 쉽사리 치유할 수 없습니다. 우리는 6·25전쟁의 참화에 휩싸여 모든 것을 잿더미로 잃어 버렸던 아픔을 잊을 수 없습니다.

제 5 장

21세기와 겨레얼의 사명

1. 겨레얼 살리기 운동의 점화

2. 분열에서 사랑으로

3. 21세기와 동방의 빛

1

겨레얼 살리기 운동의 점화

　　2002년에 이처럼 새롭게 닥쳐온 민족의 위기에 직면하여 거국적인 '겨레얼 살리기' 운동을 점화한 것은 다음 해인 2003년입니다. 우리의 바램과 관계없이 주변국들 때문에 언제 또 다른 전쟁을 겪게 될지 모른다는 위기의식으로부터 이 운동이 시작되었습니다. 불가피한 전쟁이 또 다시 시작된다 해도, 그래서 우리가 동강난 시체의 몰골로 굴러다닌다 해도, 이전에 그랬듯이 우리는 살아야 하고 또 살 것이기 때문입니다. 원치 않는 전쟁과 사회 혼란이 닥쳐와 호흡이 끊어지고 맥

박이 뛰지 않게 된다 하여도, 정신이 살고 혼이 살고 얼이 살면 우리는 다시 일어설 수 있기 때문입니다.

이 운동은 우리 앞에 놓인 현실을 똑바로 보고 정신을 차려 민족의 위기를 헤쳐 나가자는 마음으로 일어난 범국민 운동입니다. 이는 반만년 역사 동안 우리 민족 앞에 많은 시련이 있었지만 꿋꿋이 이겨낸 것처럼, 우리 안팎에 놓인 위기를 다시 한번 극복하여 자랑스런 통일 조국을 만들어 내자는 운동입니다. 즉 우리 앞에 놓인 새로운 위기 상황에 직면하여 바로 우리 한 사람 한 사람이 나서서 위대한 조국 만들기에 앞장서자는 운동입니다. 이제는 겨레얼의 정기를 다시 꽃피워 세계화시대에 어울리는 열매를 맺자는 운동이기도 합니다.

이렇게 2003년 4월부터 '겨레얼 살리기 국민운동'은 시작되었습니다. 이 운동의 근본 취지는 밖으로는 민족적 위기상황에 대응하여 혼미한 국내외 정세 속에서 우리의 주체성과 생존권을 지키자는 것이고, 안으로는 남의 것에 정신이 팔려 혼을 잃고 살아가는 가치관의 혼돈에서 벗어나 겨레얼을 살리자는 것입니다. 구체적으로는 도덕성을 회복하고 생명을 사랑하고 평화를 수호하며, 우리 민족의 평화통일과 세계평화를 구현하는 것을 목적으로 합니다.

우리는 이미 1960년대 이후로 근대화와 산업화에 박차를 가해 세계를 놀라게 한 경제발전을 이루어 낸 경험이 있습니다. 강대국의 힘겨루기 때문에 핏줄끼리 총부리를 겨누었던 6·25 전쟁으로 몸과 마음이 지치고 상처받은 상황에서도, 우리는 '새마을 운동'의 기치 하에 우뚝 일어나 세계가 감탄한 '한강의 기적'을 이루어 내었습니다. 이 발전의 추동력은 조상 대대로 물려온 가난을 벗어 버리고 '우리도 한번 잘 살아보자'며 이를 악물었던 대각성운동으로서, 이 같은 '새마을운동'의 정신

우리나라의 근대화를 상징하는 경부고속도로
위의 사진은 1970년대 아래 사진은 2000년대이다.(한국도로공사 제공)

농어촌 근대화의 상징인 새마을 운동

은 농촌과 도시 할 것 없이 전국 방방곡곡으로 불길처럼 번졌
습니다.

　당시 박정희 대통령이 주도한 이 운동은, 일본이 우리에게
심어 놓은 부정적 인식과 패배의식을 한 번에 씻어 버리고, 우
리 민족도 열심히 부지런히 성실하게 살면 자랑스런 조국을
건설할 수 있다는 꿈과 희망의 못자리를 마련한 것이었습니다.
이 운동은 국내뿐 아니라 세계 각지로부터 호평을 받았습니다.
이미 동남아시아 개발도상국들이 이 모델을 도입하여 경제발
전을 이루어 냈고, 지금도 경제성장에 안달이 난 중국 정부가

겨레얼 살리기 국민운동 행사 모습

농촌을 근대화하기 위해 이 운동을 배워 가고 있습니다.

이 '새마을 운동'이 정부 주도의 경제운동이었다면 '겨레얼 살리기 운동'은 민간주도의 정신운동이라 할 수 있습니다. '새마을 운동'이 한반도의 남쪽을 대상으로 한 운동이었다면, '겨레얼 살리기 운동'은 한반도를 뛰어넘어 8천만 국내외 한민족을 하나로 묶는 민족공동체운동입니다. 이 운동 안에서 우리는 남녀, 빈부, 지역, 여야, 보혁, 좌우의 모든 신분과 이념을 뛰어넘어 모든 힘을 총집결하고, 그 힘을 조직적으로 길러 낼 수 있습니다.

히로시마에 떨어뜨린 원자폭탄이 폭발하는 장면

　그리하여 100여 년 동안 이루지 못한 통일된 자주독립국가를 이 땅에 건설하여 누구나 평안하고 누구나 행복한 세상을 누리게 할 수 있습니다. 앞으로 우리가 언제 통일을 이루게 될지 그것이 또한 어떤 방식의 통일이 될지는 알 수 없습니다. 하지만 1945년의 해방이나 1953년의 휴전협정과 같은 성격을 띤다면 그 통일은 우리에게 아무런 의미를 주지 못합니다.

　일본이 미국, 영국을 상대로 일으킨 '태평양 전쟁'은 미국이 원자탄을 사용함으로써 일본에게 점점 불리하게 진행되어, 결국 일본은 1945년 8월 15일에 연합국에 무조건 항복을 하게 되고 우리는 해방을 맞이하게 됩니다. 이 해방은 한민족의 오랜 독립운동과 항일투쟁에 힘입은 점도 있지만 근본적으로는 일본이 패전함에 따라 여러 연합국이 국제적인 공약을 이행함

신간회 관련 호외 기사

으로써 이루어진 것입니다. 이처럼 연합국의 승리에 의지한 바
가 큰 이 해방의 성격은 민족진영 내부에 분열을 불러오게 되
어, 국내 독립운동가들이 친미파와 친소파로 갈리게 되고 결국
분단으로 이어지는 불완전한 해방으로 그치게 된 것입니다.

　1927년에 민족주의 진영과 사회주의 진영이 제휴하여 민족
주의를 표방한 항일독립단체 신간회가 발족하였습니다. 그러
나 신간회는 발족한 지 4년 만에 일제의 탄압과 내부의 불만으
로 해산하고 맙니다. 신간회의 해산, 그리고 '남조선 대한국민
대표 민주의원'과 '민주주의 민족전선'의 좌우합작 실패는 커
다란 아쉬움과 함께 한국 현대사에 상처로 남게 되었습니다.
무엇보다도 안타까운 것은 나라 잃은 서러움을 달래며 치열한

독립운동을 펼쳤음에도 불구하고, 마지막에는 이념분쟁에 휩싸여 민족이 분열되고 만 비극입니다.

　이제부터라도 민족이 하나된 마음으로 자주적인 통일을 성취하도록 노력해야 합니다. 물론 4대 강국의 사이에서 항상 어려운 판단과 선택이 기다리고 있겠지만, 지혜롭게 이 힘의 역학관계에 대처해 간다면 역사의 신은 우리의 손을 들어올려 줄 것입니다. 만약 우리가 감정에 치우쳐 현명한 결정을 내리지 못한다면, 겉모습만의 통일은 오히려 또 다른 비극의 시작을 예고할 것입니다. 이제는 정신을 똑바로 차리고 주체적으로 우리의 삶을 꾸려 번영의 한민족 공동체를 만들어 나갈 때입니다.

　이 '겨레얼 살리기 운동'은 모든 한국인이 바른 정체성을 확립하도록 촉구하기 위하여 서울을 비롯한 전국 대도시를 순회하면서 수 차례 강연회를 개최하였습니다. 뿐만 아니라 미국 로스엔젤레스와 중국 연변·하얼빈, 일본 오사까, 우즈베키스탄, 독일 베를린과 프랑크푸르트, 프랑스 파리, 카자흐스탄 등에서 순회 강연회를 개최하여, 해외에 흩어져 사는 한민족을 하나로 묶는 구심점 역할도 담당해 왔습니다.

　특별히 2006년에는 금강산에서 남과 북이 공동으로 행사를

겨레얼살리기 교토 한국인 이·비총 위령제

겨레얼살리기
대학생 독서토론대회

열었으며, 2011년부터는 해외에 흩어져사는 동포들의 자녀를 초청하여 교육하고 있습니다. 국내에서는 고등학생 백일장 대회와 토론대회, 대학생 토론대회를 열어 자라는 꿈나무들에게 겨레얼의 정수를 심어주고 있습니다. 또한 2004년 미국 로스엔젤레스 지부 설립을 시작으로 프랑스, 독일, 영국, 네덜란드, 스위스, 스웨덴, 룩셈부르크 등 유럽 지역에 12개 지부, 중국의 3개 지부, 일본, 카자흐스탄 등 아시아에 각각 지부를 두어, 순회강연회, 자녀초청연수, 백일장대회, 마라톤대회, 청소년 축제, 백두산 탐방 등 다양하고 적극적인 활동을 펼쳐가고 있습니다.

겨레얼살리기
고등학생 백일장대회

해외동포자녀초청 겨레얼연수

이제 이 '겨레얼 살리기 범국민 운동'을 집집마다 학교마다 직장마다 펼쳐 한민족의 마음마다에 겨레얼이 꽃피면, 다가오는 태평양 시대에 평화를 주도하는 역할을 우리 민족이 충분히 감당할 수 있게 될 것입니다. 19세기부터 이제까지의 역사가 서양문명이 동양으로 밀려들어오면서 미움과 갈등을 초래한 시대였다면, 앞으로의 역사는 동양의 빛이 서양을 비추어 화해와 사랑을 주는 새로운 시대가 될 것이기 때문입니다.

2

분열에서 사랑으로

　　　　　　　　　서구의 이성과 지성은 과학과 기술
의 발전을 이끌었고, 문명의 도움으로 인류는 편리한 생활을
할 수 있었습니다. 그러나 기술과 자본의 이로움에 푹 빠진 사
람들은 모든 것을 돈으로 계량하여 그 가치를 평가하게 되었
고, 결국에는 자기 자신의 인생의 의미까지도 물질로 환산하
는 어리석은 지경에 이르게 되었습니다. 기술도 과학도 문명도
돈도 그것을 소유하는 인간이 주체가 되어야 마땅한데, 오히려
사람이 거꾸로 물질에 끌려 다니는 잘못된 세상이 되어 버렸

UN본부전경
지구화 시대에 인류의 평화를 염원하는 상징적 의미를 지닌다.

습니다.

그러다 보니 돈으로 환산하여 가치가 없으면 인간으로서의
최소한의 인격과 존엄성도 보장받지 못하고, 물질을 빼앗기 위
해서는 남의 목숨을 짓밟는 일도 서슴지 않는 무섭고 무자비

한 세상이 되어 버렸습니다. 이러한 풍조가 만연하다 보니, 급기야는 자신이 물질적으로 무가치하다고 생각하면 스스로 목숨을 끊어 버리는 일까지 일어나는 한심한 현실에 우리는 처해 있습니다.

물론 서구의 지성들은 인간의 존엄성과 고귀함에 관하여 역설해 왔습니다. 또한 자유, 평등, 박애라는 민주주의 이념을 지켜 내고자 노력해 왔습니다. 민주주의 정치나 자본주의 경제나 모두 인류의 행복과 존엄성을 보장하는 데 그 뿌리를 두고 있습니다. 그런데 왜 오늘날 서구 문명은 스스로를 돌아보고 반성하면서 동양의 지혜에 눈을 돌리고 있을까요? 지구촌 시대에 맞닥뜨린 수많은 문제 상황들이 서구 지성으로 하여금 자신의 문명에 대해 스스로 성찰하고 질책하도록 유도하고 있기 때문입니다.

그렇다면 서구 문명의 아킬레스건은 무엇일까요? 그것은 바로 이성이고 분별력입니다. 인간과 자연을 모두 아울러서 똑 부러지게 구분하지 않는 동양과는 달리, 서양에서는 인간의 분별력으로 모든 것을 하나씩 하나씩 분석합니다. 동양에서는 자연과 신을 굳이 구분하지 않고 자연의 법칙 속에 신성神性이 존재하고 깃들어 있다고 생각했는데, 서양에서는 자연으로부터

한라산 설경

일찌감치 신을 분리해 냈습니다. 그리고 신들의 세계에도 복잡한 위계질서가 있고 나아가 이 질서를 초월해 버린 유일신이 있다고 믿었습니다.

반면에 동양에서는 신과 자연을 분리하지 않았을 뿐 만 아니라 인간 또한 자연 속에 묻혀서 지내는 존재로 생각했습니다. 다시 말하면 인간의 행복은 가장 '자연스럽게' 자연을 닮아서 사는 것입니다. 자연의 변치 않는 법칙과 질서는 그대로 인간의 마음속에 들어와 떳떳한 양심이 되고 인간성 자체가 됩니다. 그래서 동양에서의 신은 따로 멀리 계시는 분이 아니라 바로 '내 마음속에 계시는 님'입니다.

서양에서는 인간과 자연과 신과 다른 존재들을 일일이 나누어 생각하다 보니, 그 때문에 자연으로부터 인간이 소외되고, 인간으로부터 인간이 소외되고, 인간으로부터 자연이 소외되고, 신으로부터 인간이 소외되고, 인간으로부터 신이 소외되는 등 여러 가지 종

얼굴무늬 수막새
우리 민족의 평화 사상을 엿볼 수 있다.

류의 분열과 불화가 발생하게 되었습니다. 물론 서구 문명의 이로움이 이 분리사고로부터 나온 것은 사실이고 우리가 그 혜택을 많이 누리고 있는 것 또한 인정할 수밖에 없습니다.

하지만 이 분리와 분열로부터 생겨난 미움과 다툼과 질병과 전쟁과 재앙이라는 부작용과 부산물을, 필요악이라고 수긍하고 넘어갈 수만은 없는 것입니다. 인간으로부터 인간이 소외되는 현상은 미움과 다툼을 가져왔고, 인간으로부터 자연이 소외되는 현상은 에이즈와 같은 질병과 지구환경의 무차별적 파괴를 초래했습니다. 이러한 작용을 우리보다 먼저 경험한 서구는 내부로부터 자성과 질책을 쏟아냈고, 그 해결방안을 동양의 세계관으로부터 찾기 시작했습니다.

인간을 자연으로부터 분리해 내지 않은 동양의 가치관, 그래서 자연으로부터 인간이 소외되거나 인간으로부터 인간이 소외되는 일이 없는 이 '혼돈'의 세상을 독일의 철학자 헤겔G.W.F. Hegel은 낙후되고 발달하지 못한 정신이라고 평가 절하하기도 했습니다.

하지만 바로 이 세계관과 가치관이 21세기 문명의 위기에 맞닥뜨려 아무 대책 없이 떨고 있는 인류 앞에 빛을 던져 주게 된 것입니다. 신과 자연과 인간을 하나로 보는 이 세계관은 한국인들의 마음속에서 고대의 풍성한 제천의식으로 되살아나고, 어느 한 종파에 치우치지 않는 원효대사의 화쟁和諍 사상, 한국적 불교의 진리로 그려지고, 이상과 현실의 조화를 추구한 율곡선생의 이기묘합理氣妙合과 같은 한국적 유학사상으로 되새김되었으며, 구한말 각종 민족종교와 주체적인 민족정신으로 빛을 뿜었던 것입니다.

이제 대한민국에 와서는 전세계인을 열광시킨 매혹적인 한류로 부활하여 겨레얼의 자긍심을 뽐내고 있습니다. 신과 인간의 조화 속에서 신명이 나고 이상과 현실의 세계가 하나가 되는, '생명의 흐름'을 충만히 지닌 한국문화의 멋드러진 전일성이 세계인의 마음을 훔치고 있습니다. 태곳적 풍요와 평화의

김홍도의 벼타작

신들림은 단군의 홍익인간의 세계로부터 흘러나와 하늘과 산
과 땅을 하나로 이룬 너른 무대에서 현묘한 풍류의 도로 이어
지고, 이것이 결국에는 개방과 포용과 창조의 정수인 한류문화

로 꽃피운 것입니다. 인종이나 민족이나 국적이나 종교나 이념이나 사상을 넘어선, 그저 따뜻한 사람 사람들의 마음과 마음이 모인 한류! 한국 젊은이들의 노래와 춤이 세계인들의 심금을 온통 흔들고 "코리아! 코리아!"를 연달아 외치지 않을 수 없게 하는 그 바탕에는 다름 아닌 생명을 사랑하고 존귀하게 여기는 겨레얼의 힘이 녹아있는 것입니다.

3

21세기와 동방의 빛

일찍이 공자孔子는 정치에 관한
제자의 질문에 '먹을 것을 풍족하게 해 주고, 국방을 튼튼히 해
주고, 백성들이 신뢰할 수 있게 하는 것'이라고 대답했습니다.
이 세 가지 가운데 중요한 순서가 어떻게 되는지를 다시 묻자
'마음속의 믿음'을 최우선으로 꼽았습니다. 이 말은 살기 좋은
나라를 만들기 위해 가장 중요한 것은 사람들 간의 바른 마음
에 근거한 믿음이요, 다음으로 중요한 것이 경제적 풍요와 안
전임을 뜻하는 것입니다. 지금도 그렇지만 우리 역사는 복지와

삼족오

안보 면에서는 불안정한 시기를 수도 없이 거쳤습니다. 그래도 우리가 자랑스런 역사를 지켜 올 수 있었던 것은, 바로 우리 민족의 마음밭에 뿌리내린 '믿음' 덕분이 아니었나 합니다.

이 믿음은 하느님이 선택한 족속인 천손이라는 믿음, 고난을 이겨 내면 홍익인간의 밝은 세상을 열 수 있으리라는 믿음, 조상들의 얼과 꿈이 늘 우리를 지킨다는 믿음이었을 것입니다. 이 믿음은 바로 우리의 민족혼이고 겨레얼이고 정신의 정수精髓입니다. 우리는 다시 한 번 제정신을 차려서 이 얼을 붙잡고 우리 앞에 놓인 험난한 산을 주체적이고 능동적으로 정복해 나가야 합니다.

이 저력이 지닌 은근과 끈기는 우리의 나라꽃 무궁화의 속성과도 같습니다. 무궁화는 한 철에만 화려하게 피어나는 것이 아니라, 피고 지기를 반복하며 끈질긴 생명력을 과시합니다. 일제가 우리 국토를 강점했던 당시 그들은 우리 겨레의 꽃 무궁화를 우리 산천에서 멸종시키려고 갖은 짓을 다하였습니다.

그러나 무궁화 뿌리의 질긴
생명력은 우리 겨레의 얼을
상징하듯 결코 꺾이지 않았
던 것입니다.

올해 2019년은 3·1운동
100주년이 되는 뜻깊은 해
입니다. 3·1운동은 빼앗긴
나라를 되찾으려는 독립의
정신, 백성[民]이 주인인 나
라를 만들고자 했던 민주의
정신, 계층과 생각이 다른
사람들이 뜻을 하나로 모은
통합의 정신을 자랑합니다.

한반도를 뒤덮고 있는 무궁화

그러나 이 고귀한 정신은 아직 완성되지 못했습니다. 우리는
식민지 시대의 후유증으로 동족상잔의 비극을 겪고 70년 넘게
분단 상황에 처해 있습니다.

과학과 기술은 빛의 속도보다 빨라지지만, 사람들은 오히려
그보다 빠른 속도로 소외되고 멍들어 갑니다. 특히 기술발전을
주도해 온 서구사회에서는 자신들의 정신적 공허를 동양의 지

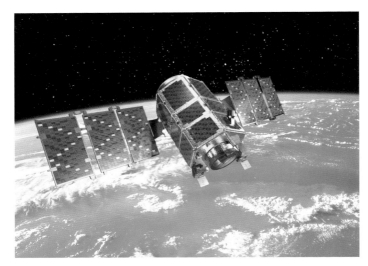

우리 과학기술로 쏘아 올린 아리랑 위성 2호(한국항공우주연구원 제공)

혜에서 채우고자 하는 경향이 많아졌습니다. 그래서 물질적으로는 서양세력이 동양으로 밀려왔지만, 정신적으로는 거꾸로 동양의 빛이 서양을 비춰 주는 미래가 다가오고 있습니다. 이러한 시점에서 우리 겨레얼의 상생과 융화, 평화정신은 인류의 미래에 공헌하는 바가 클 것입니다.

특히 요즈음 우리 사회에는 급속한 자본주의적 경제발전의 후유증으로 사람보다 돈의 가치를 우선시하는 천민자본주의가 만연하게 되어, 어느 정도 먹고 살게는 되었지만 물질에 눈이 어두워 양심을 잃어 버리고, 예로부터 내려온 우리의 겨레 얼마저도 간 곳 없이 사라져 버리는 현상이 나타나고 있습니다. 이러한 상황에서 우리의 얼과 정신을 찾지 못한다면, 남북이 정치경제적인 통일을 달성한다 해도 그것은 껍데기의 통일일 뿐 아무런 의미가 없습니다. 따라서 우리의 얼과 정신을 찾아 내어 살리고 지켜야 합니다.

물질에서 비롯된 행복을 추구하는 가치관으로부터 마음에서 오는 행복을 찾는 가치관으로 바꾸는 발상의 대전환은 지금 인류가 간절히 원하고 바라는 것입니다. 그리고 이 염원은 이미 우리 한민족이 마음속에 오천년간 소중히 간직해 온 작은 불꽃이기도 합니다. 평화와 겸손과 떳떳한 기상을 지켜 온 민족의 꿈이, 긴 고난의 여정을 거쳐 여기까지 온 지금, 이제는 이 불꽃을 태워 올릴 때가 되었습니다.

『맹자孟子』에 보면 "하늘이 장차 큰 임무를 어떤 사람에게 맡기려 할 때는, 반드시 먼저 그의 마음을 괴롭히고 그의 몸을 힘들게 하고 그를 가난하게 만들며 그가 하려는 일을 방해하는데, 이는 그로 하여금 분발하게 하고 인내심을 키워서 그의 약점을 강하게 만들기 위함이다."라는 구절이 있습니다. 이것이야말로 우리 민족의 역사적 사명과 상통하는 구절이라 생각합니다.

　우리 민족은 전 인류적 위기를 극복하도록 이끌어야 한다는 자신의 사명을 감당하기 위하여, 반만년 동안 하느님이 내린 갖가지 시련을 겪어 왔습니다. 이제 우리 민족의 임무는 그 시련으로부터 얻어 낸 은근과 끈기, 사랑과 상생의 평화정신으로 전쟁과 불화로 얼룩저 분열된 지구촌을 하나로 엮어 나가는 것입니다. 그간의 설움과 시련을 밑거름 삼아 성숙해진 우리의 겨레얼은, 국제사회에서 소외되어 온 제3세계까지 끌어안고, 인류의 영원한 목적지이자 고귀한 가치인 '홍익인간'의 꿈을 실현해 내는 사명을 짊어지고 있는 것입니다.

　이것이 바로 동방의 빛이 서방으로 뻗어가게 될 시대적 전환점에 서 있는 인류에 던지는 한민족의 메시지입니다. 이 메시지를 전해야 할 사명이 우리에게 있습니다. 우리는 이 메세지를 먼저 북녘의 우리 동족에게 전해야겠고, 나아가 우리를 둘러싼 4대 강국과 전 세계에 퍼뜨려야 합니다. 이것이 겨레얼 살리기 운동의 사명입니다.
　우리의 '홍익인간' 이념과 가치를 숭상하는 정신은 겨레얼의 뿌리가 되어, 은근과 끈기라는 줄기를 타고 나와 인류사에 빛날 새로운 문화의 꽃을 피울 것입니다. 이 꽃은 남북 간의 균형 잡힌 경제발전이라는 형태로, 그리고 참여민주주의를 통한 국민 대화합이라는 형태로 피어날 것입니다. 나아가 우리의 겨레얼은 우리 조국의 평화통일을 통한 동북아의 평화와 번영, 나아가 인류 공영의 실현이라는 열매를 맺는 밑거름이 될 것입니다.

그러므로 이 '겨레얼 살리기 운동'이야말로 우리 민족이 통일을 이룩하는 그 날까지, 그리고 우리의 통일이 인류평화를 가져 올 그 날까지, 8천만 한민족이 이념과 체제의 대립을 뛰어넘어 손잡고 나아가며 함께해야 할 민족의 마지막 정신혁명이며, 민족을 다시 살려 내는 정신운동인 것입니다.

겨레얼 살리기

초　판 발행 | 2006년 12월 1일
개정판 발행 | 2019년 4월 20일

지은이 | 최문형
기획·편집 | (사)겨레얼살리기국민운동본부

발행인 | 한정희
발행처 | 경인문화사
출판번호 | 406 - 1973 - 000003호
주소 | (10881) 경기도 파주시 회동길 445 - 1 경인빌딩 B동 4층
전화 | 031 - 955 - 9300　팩스 | 031 - 955 - 9310
홈페이지 | http://www.kyunginp.co.kr
이메일 | kyungin@kyunginp.co.kr

ISBN　978 - 89 - 499-4800 - 3　03910
값 | 12,000원